Depoimentos

O que as pessoas que desenham as cidades pensam sobre o livro?

'O livro nos desafia a repensar o desenvolvimento urbano, incorporando as ideias e experiências das mulheres ao tecido das cidades. Ele convoca à ação, encorajando-nos a abraçar diversas perspectivas rumo a um futuro em que as cidades funcionem melhor para as mulheres e as meninas, beneficiando todos nós.'

Ana Paricio Cárceles, Psicóloga Urbana, Barcelona Regional

'E se as Mulheres Projetassem a Cidade? é um livro excepcional com ideias tangíveis e práticas para trazer mudanças positivas na forma como as mulheres concebem e vivenciam os espaços públicos. Como urbanista, acredito que os insights deste livro podem ser revolucionários para aqueles que estão na linha de frente da mudança. Um livro inteligente, realista e prático e, ouso dizer, bastante apaixonado.'

Daisy Narayanan MBE, Chefe de Placemaking e Mobilidade, Prefeitura de Edimburgo

'Por meio das experiências vividas pelas mulheres, este livro nos convida a imaginar espaços urbanos que beneficiem todos. Ele enfatiza o papel das mulheres como contribuidoras ativas em vez de sujeitos passivos, destacando seu papel revolucionário na formação e revitalização das cidades. Inspirado em diversos exemplos da vida real, este livro pragmático é uma fonte valiosa de inspiração.'

Audrey Hénocque, Primeira Vice-Prefeita, Responsável pelo Orçamento Sensível de Gênero, Cidade de Lyon

'Dê uma voz maior às mulheres na construção das cidades e o que você ganha? Um lugar mais humanizado, emocionalmente integrado, bem equilibrado, mais seguro e talvez mais bonito, que prospera em sua distintividade e nos valores de cuidado. Obrigado, May East, por nos deixar ouvir as vozes dessas 274 mulheres e suas propostas de *intervenções catalíticas, sem esquecer os exemplos maravilhosos entrelaçados de todo o mundo.'*

Charles Landry, Autor – Creative City: A Toolkit of Urban Innovators

'O livro apresenta lindamente um senso de esperança e poder quanto à possibilidade de reparação da disparidade de gênero no planejamento urbano. Políticos, urbanistas, empresas de construção, todos deveriam ler esta obra.'

Vereadora Holly Bruce, Partido Verde escocês, Prefeitura de Glasgow

'Este é um livro muito oportuno, um antídoto eficaz para a cidade sem alma, angular, de concreto e vidro, projetada para servir aos interesses do capital em detrimento das pessoas comuns. Alguém vai ouvir? Sim, eu penso que sim. O 'desenvolvimento regenerativo' urbano que as mulheres inspiram é uma necessidade urgente. Esta é uma obra importante que deveria ser leitura essencial para qualquer pessoa preocupada com o futuro do habitat humano.'

Herbert Girardet, Autor – Creating Regenerative Cities

'Com maestria, o livro apresenta exemplos concretos que servem de inspiração e lembra ao leitor que as mulheres são especialistas do seu próprio espaço.'

Linda Gustafsson, Estrategista de Igualdade de Gênero, Cidade de Umeå

'O livro é ao mesmo tempo comovente e inspirador. Ele posiciona as cidades como veículos para a emancipação das mulheres.'

Sarah Shaw, Chefe de Planejamento, Prefeitura de Glasgow

E se as Mulheres Projetassem a Cidade?

May East

E se as Mulheres Projetassem a Cidade?

*33 pontos de alavancagem para fazer
sua cidade funcionar melhor*

Copyright © May East, 2024

Primeira edição publicada em 2024 por:
Triarchy Press
Axminster, Reino Unido
www.triarchypress.net

O direito de May East ser identificada como a autora deste livro foi concedido segundo a Lei de Direitos Autorais, Projetos e Patentes de 1988.

Todos os direitos reservados.

Nenhuma parte desta publicação pode ser reproduzida, armazenada em sistema de recuperação ou transmitida sob qualquer forma ou quaisquer pretextos, incluindo as categorias fotocópia, cópia eletrônica, cópia mecânica, gravação ou quaisquer outras sem a prévia autorização concedida pela editora.

A ficha catalográfica deste livro está disponível na Biblioteca Britânica.

ISBN 978-65-89138-66-2

Coordenação editorial: Isabel Valle
Design da capa e ilustrações: Sebastian Franke
Foto da capa: May East
Tradução: Simone do Vale
Revisão: Maria Christina Pinheiro
Diagramação: Olorin Ediorial por Cristiano Marques

colabora@bambualeditora.com.br
www.bambualeditora.com.br

Dedicado a
Atena Polias, Protetora das Cidades Imemoriais

Sumário

Prefácio – Jornada de Matriz Regenerativa, Pamela Mang	i
Prefácio – Cotidiano Pleno de Potencial, Eva Kail	iv
Introdução	vii
1 | O Contexto	1
2 | Mulheres e Cidades: Uma Perspectiva do Mutualismo Coevolutivo	5
2.1 Conceito-chave – Presença	9
3 | Pensamento Sistêmico para a Mudança nos Sistemas Urbanos	11
4 | Pontos de Alavancagem: Onde Intervir em um Sistema	14
5 | Design Regenerativo: Revitalizando Sistemas Urbanos	19
5.1 *Framework* Regenerativo de Pesquisa	21
6 | Mapear a 'Presença' das Mulheres por meio de Entrevistas Itinerantes	25
7 | 33 Pontos de Alavancagem para Fazer sua Cidade Funcionar Melhor para Mulheres e Meninas	29
1 Cultivando a biofilia	30
2 Desenvolvendo espaços para encontros e pertencimento	33
3 Projetando extensões urbanas enquanto o todo evolui	36
4 Mudando uma mentalidade de manutenção para uma atitude de cuidado	40
5 Redistribuindo o uso do solo e orçamento para a feminização de espaços verdes	43
6 Criando condições para a vida silvestre	46
7 Constituindo uma coleção de selins de bicicleta	49
8 Cultivando e coletando para saúde e bem-estar	51

9 Projetando playgrounds aventureiros para crianças e cuidadores — 55

10 Trabalhando com os homens para redistribuir poder, equilibrar a representação e transformar sistemas — 58

11 Desenvolvendo confiança por meio de treinamentos de autodefesa — 61

12 Aprimorando a vigilância natural por meio do design — 64

13 Programando patrulhas regulares por guardas comunitários — 67

14 Tornando obrigatório o treinamento prático de conscientização sobre o ciclismo — 70

15 Incentivando o transporte ativo como modo de vida — 73

16 Repensando o sistema de tarifa do transporte público para 'viagens encadeadas' e redesenhando ônibus para as 'viagens com sobrecarga' — 75

17 Projetando 'rotas de ar puro' e zonas de baixa emissão de carbono sob a perspectiva de mulheres e bebês — 78

18 Educando coletivamente para transformar estereótipos — 81

19 Expandindo o uso do espaço público à noite — 85

20 Codesenvolvendo uma infraestrutura integradora — 88

21 Maximizando o uso de recursos locais — 91

22 Praticando uma cultura de escuta profunda — 94

23 Incentivando o turismo regenerativo — 98

24 Adotando bairros de 20 minutos — 101

25 Cocriando espaços de segurança para meninas — 105

26 Manifestando intervenções ecofeministas — 107

27 Incorporando beleza na forma e função das cidades — 110

28 Reconectando o interior ao exterior — 113

29 Promovendo o uso de bicicletas elétricas 116

30 Reformando calçadas para acomodar saltos altos 119

31 Delineando e fluindo pela infraestrutura cicloviária 121

32 Concebendo habitações intergeracionais 124

33 Coprojetando espaços com (e não apenas para)
meninas adolescentes 127

8 | Superando a Desigualdade de Gênero no
Planejamento Urbano 129

9 | Posfácio: Narrativas 138

Glossário de termos 145

Categorização dos 33 Pontos de Alavancagem 147

Bibliografia 150

Agradecimentos 166

Sobre a Autora 168

A essência da Bambual Editora 169

Jornada de Matriz Regenerativa

Ninguém esperaria encontrar um excelente manual de teoria e design regenerativos em um livro intitulado *E se as Mulheres Projetassem a Cidade?* Porém, é exatamente isso que May East oferece. Para ser clara, este não é um livro sobre design ou desenvolvimento regenerativo, nem um tratado sobre os problemas e soluções referentes à longeva disparidade de gênero no planejamento urbano. Embora mencione a disparidade de gênero e suas alarmantes consequências, East deixa claro que sua pesquisa e os resultados do inovador processo de engajamento que ela concebeu e testou derivam, especificamente, do fato de que ela não percebe isso como um problema a ser resolvido, mas sim 'como um potencial a ser liberado'.

'Resolver' a exclusão de gênero como um problema poderia simplesmente implicar mais mulheres engajadas em mais processos de planejamentos em mais lugares. Deslocar a perspectiva do problema para o potencial, um fundamento característico da teoria regenerativa, amplia o escopo da reflexão e redefine o que é realmente significativo e relevante. East não ignora a questão. Pelo contrário, ela opta por uma perspectiva regenerativa, investigando como abordar a exclusão de gênero e ativando uma ordem mais complexa de capacidade de todos os envolvidos. O objetivo que ela encontrou — 'criar as condições para que as cidades se transformem, evoluam e se auto-organizem' — serviu como ponto de chegada e estrela norteadora, delineando o design do seu processo inusitado de pesquisa e os resultados capturados em um 'mosaico de ideias que poderiam ser alavancadas pelas próprias mulheres e coevoluídas por moradores, planejadores urbanos, criadores de políticas públicas, empreendedores, comerciantes e comunidades'.

O resultado é uma exploração sofisticada e multidimensional das formas como 'as relações simbióticas entre as mulheres e as cidades' podem ser desenvolvidas e apoiadas para a criação de bairros regenerativos. As entrevistas itinerantes com 274 mulheres exploram os papéis que elas podem desempenhar no planejamento urbano, bem como o valor recíproco que isso pode gerar para elas, os bairros e, em última instância, a vida e vitalidade futuras das cidades e dos lugares que habitam. O rico panorama de ideias que emergiu é um prenúncio do que as mulheres podem fazer e já fazem pelo desenvolvimento das cidades, assim como um indicador da promessa regenerativa que esse processo sugere.

Ao substituirmos nossa perspectiva por uma lente regenerativa, invertemos a pergunta principal de *'o que devemos fazer'* para *'quem devemos nos tornar e quais novas competências nos serão exigidas',* gerando consequências gradativas e profundas. A abordagem regenerativa também desloca o foco da correção para a criação. Como observa East, as mulheres que atuam como designers regenerativas não estavam muito interessadas em 'administrar a entropia dos sistemas em decadência e resolver problemas urbanos um de cada vez'.

Nos últimos dez anos houve um interesse crescente na promessa do desenvolvimento e design regenerativos. No entanto, a capacidade de transformar essa promessa em realidade continua limitada pela lacuna na compreensão da diferença fundamental entre as práticas de sustentabilidade atuais e a prática regenerativa. A noção que enfoca no potencial buscando objetivos que gerem valor sistêmico tem ganhado atenção, mas apenas toca na superfície das mudanças fundamentais dos modos de ser e de pensar que são necessárias.

Em *E se as Mulheres Projetassem a Cidade?*, East preenche essa lacuna, mas não da maneira convencional de descrever o que são o pensamento e o engajamento regenerativos — o que teria o efeito contrário. Em vez disso, ela convida o leitor a vivenciar um processo regenerativo ao tornar explícito seu próprio processo — comunicando com precisão e clareza aquilo que a influenciou e o que foi necessário desenvolver em si mesma para possibilitar o desenvolvimento daquelas com quem caminhou e escutou. Isso deixa a decisão e a responsabilidade para a leitora de 'autorar' seu próprio trabalho interior e entendimento, outra característica do pensamento regenerativo — ou seja, não podemos realizar as transformações externas necessárias para criar um mundo verdadeiramente sustentável sem realizarmos as transformações internas, em nós mesmas e naqueles com quem trabalhamos e para quem trabalhamos.

Para criar uma compreensão experimental de maneira regenerativa de pensar e de ser, East convida o leitor a uma jornada através de uma matriz viva, dinâmica, multicamadas e multidimensional, que requer o entrelaçamento contínuo de mundos interiores e exteriores. Como apoio, East fornece pontos de orientação ao longo do livro. Conceitos como reflexividade, 'presença' e mutualismo coevolutivo, entre outros, são apresentados não como ideias à parte, mas como fios que, quando tecidos juntos, revelam uma nova ordem de agência e significado.

O resultado é um livro que exige uma leitura reflexiva e uma escolha consciente por parte do leitor para perceber esse valor. Essa escolha está implícita na letra da música de Lorna Kohler citada na introdução: *'Eu sou a tecelã. Eu sou o tecido'.* Pode-se optar por assumir o papel da tecelã, ou então mergulhar no processo para tornar o tecido. Ser ambos é trilhar o caminho regenerativo. Espero que mais leitores escolham esta última opção pelo bem do nosso mundo.

Pamela Mang
Principal, Regenesis Institute

Cotidiano Pleno de Potencial

Nos anos 90, como uma jovem urbanista trabalhando para a cidade de Viena, fui convidada a apoiar um workshop de planejamento voltado a políticas de mulheres, realizado pela Organização das Mulheres Social-Democratas local. Em vez de oferecer um conteúdo convencional de planejamento, fundamentado em leituras sobre demandas feministas, optei por explorar as experiências pessoais das mulheres participantes. Discutimos a vivência de seus conjuntos habitacionais, rotinas diárias, dinâmicas de vizinhança, mobilidade e preocupações com segurança. O grupo era diverso, abrangendo desde jovens estudantes de urbanismo até experientes membros do partido.

Através desse diálogo intergeracional e multidimensional, desencadeamos um intercâmbio cativante que evoluiu em uma exposição intitulada 'Quem Precisa do Espaço Público? A Vida Cotidiana das Mulheres em uma Cidade', realizada pelo Departamento de Planejamento Estrutural de Viena. Atraindo 4 mil visitantes e ampla atenção da mídia, este evento foi um divisor de águas e marcou o início das políticas de planejamento sensível de gênero institucionalizadas na cidade, antes mesmo do conceito existir. Na época, os principais planejadores de trânsito ignoravam amplamente as necessidades dos pedestres e raramente consideravam o caminhar como um meio de transporte. O valor de parques, praças e playgrounds como capital social dos bairros não era percebido. Nós, no entanto, defendíamos perspectivas centradas no usuário, enfatizando padrões de locomoção diária, responsabilidades de cuidado, além das necessidades de crianças, adolescentes e idosos.

Nosso trabalho pioneiro rendeu estudos, projetos-piloto e implementações em grande escala como subsídios para habitação, design de parques, medidas de segurança para espaços públicos, mobilidade ativa e design urbano. A transformação da cidade atraiu o interesse de outras cidades que buscavam implementar uma perspectiva de gênero no desenho urbano, posicionando Viena como uma fonte de inspiração. Talvez por isso May East me convidou para escrever o prefácio deste livro. À medida que eu mergulhava nos seus conceitos e pontos de alavancagem, sentia um ressurgimento daquela sensação vibrante e enérgica dos primeiros tempos de Viena.

A linguagem aqui empregada não está revestida de jargão tecnocrático ou acadêmico — ela se aproxima da linguagem cotidiana: clara e concisa, mas nunca simplificada em excesso. A abordagem, baseada em caminhadas e conversas, gira em torno do conhecimento cotidiano dos bairros. Esses métodos acessíveis e inclusivos também oferecem espaço para se descobrir demandas, desejos e visões. Confiar na experiência das mulheres em suas vidas diárias, nas responsabilidades de cuidado, e em suas vivências corporais e emocionais, contrasta com a visão dos planejadores especialistas que acreditam saber o que é melhor para todos — uma expertise frequentemente derivada de experiências masculinas.

Para mim, exemplos concretos são mais convincentes do que os mais brilhantes conceitos. Histórias reais encorajam, pois revelam potencial. Este livro inclui uma coleção dessas narrativas, oferecendo esboços de cidades idealizadas por mulheres numa visão multifacetada plena de vida. Ele vai muito além do planejamento sensível de gênero convencional como uma estratégia institucionalizada. Sua abordagem é holística e foca nos potenciais, não em desafios, déficits e problemas. Essa mudança de perspectiva é inspiradora, essencial para desencadear as transformações que nossas cidades necessitam, especialmente em meio à crise climática.

A visão de uma paisagem urbana sem carros, evocando uma ambiência veneziana, com ciclovias e zonas de pedestres, é convincente e imperativa. A maioria das ruas pode se tornar oásis verdes e espaços comunitários — com grande impacto nas ilhas de calor urbano em geral ocupadas pelas comunidades mais desfavorecidas. Diante da urgente crise climática, a necessidade de mudanças estruturais é evidente. De maneira brilhante, o livro de May East destaca o potencial das mulheres como defensoras e ativistas, oferecendo inspiração não apenas para mulheres, mas também para políticos. Estes, embora cientes das mudanças necessárias, precisam da pressão e reforço dos cidadãos que enxergam os ganhos e não as ameaças em mudar os hábitos de mobilidade e usos do solo.

Se as perspectivas feministas introduzidas nos anos 1970 tivessem ganho tração como tendência dominante, as cidades de hoje seriam mais resilientes ao clima. Nosso foco urgente deve ser o gerenciamento das mudanças imperativas, utilizando o tempo limitado que temos para enfrentar a crise climática. Assim como os engenheiros e arquitetos modernistas que reconfiguraram os sistemas urbanos no final do século XIX por meio de inovações técnicas, a transformação de hoje requer uma abordagem radical com a participação ativa das mulheres.

A reurbanização socialmente sustentável pós-carbono é a nossa grande chance! Devemos adotar rapidamente uma perspectiva sistêmica, posicionando o cuidado no centro das decisões. Este livro é informativo, inspirador e encorajador, publicado no momento certo, já que as janelas de oportunidades estão se fechando depressa — temos que garantir, com todas as nossas forças, que elas permaneçam abertas. Este livro pode nos ajudar a fazer isso!

Eva Kail Planejadora Sênior e Especialista em Planejamento para a Igualdade de Gênero, cidade de Viena

Introdução

Grande parte da minha vida, morei, trabalhei e me senti em casa em cidades vibrantes como São Paulo, Nova York, Londres, Amsterdã, Paris e Edimburgo. Misturando-me às pessoas, as cidades influenciaram minha identidade e até o meu nome – May East Side (de Manhattan). No início da minha jornada, aprendi a técnica do *solvitur ambulando* – resolver as coisas da vida ao caminhar por ruas, alamedas, avenidas e vielas. Imersa na multiplicidade de interações com desconhecidos, as cidades me ensinaram a discernir quando enfrentar e quando escapar ao olhar. Para mim, não há remédio mais eficaz para um coração machucado do que uma vigorosa caminhada pelas ruas da cidade. Nada me estimula mais do que a exploração dos distritos escondidos que ela guarda.

Cidades são lugares de descoberta, disruptura e transformação. Vi cidades crescerem e se tornarem inovadoras, mas também testemunhei aquelas que se tornaram disfuncionais, desfocando as fronteiras entre os ambientes naturais e construídos.

Durante 14 anos, vivi e aprendi em um laboratório de novas urbanidades: a ecovila Findhorn, na Escócia. Foi lá que fundei um Centro de Treinamento da ONU para Autoridades Locais, conduzindo atividades de capacitação na área de design urbano para a descarbonização de estilos de vida. Por um tempo, participei do movimento Transition Towns (Cidades em Transição) e, como facilitadora de transição, semeei seus princípios e metodologias em diversas comunidades desde a Vila Brasilândia no Brasil, até as aldeias tribais sob a liderança da Federação Tribal das Mulheres de Kakariguma, no estado indiano de Orissa. Hoje trabalho com cidades mineradoras que buscam diversificar seus fluxos econômicos, estabelecendo fundos de riqueza soberana para evitar que dívidas financeiras e ecológicas sejam passadas para as futuras gerações.

Para preencher a lacuna entre teoria e prática, minha pesquisa de mestrado investigou múltiplas abordagens para regenerar a quantidade crescente de cidades-fantasma no sudeste da Itália.

E se as Mulheres Projetassem a Cidade | *vii*

Quando chegou a hora do doutorado, observei as continuidades e descontinuidades das cidades e ponderei... quais enfoques regenerativos poderiam informar cidades para que funcionem melhor para mulheres e meninas? Isso me levou ao conceito histórico de disparidade de gênero no planejamento urbano e à pergunta: e se as mulheres projetassem a cidade? Explorar essa linha de investigação se tornou o foco do meu estudo e o tema deste livro.

Uma advertência. Na pesquisa acadêmica, o gênero influencia quem conduz a pesquisa, como conduz e que perguntas de pesquisa são identificadas como importantes. Isso também influencia as metodologias escolhidas, os estudos de caso e os conjuntos de dados usados, assim como a análise realizada. No espírito da autorreflexividade, reconheço que meu ponto de vista é de uma mulher branca, instruída, cisgênero e sem necessidades especiais, que nasceu no Sul Global, e cujo crescimento profissional se deu no Norte Global, no contexto de instituições internacionais.

Minha trajetória profissional é marcada por atuação prática em campo. No processo de me tornar pesquisadora, eu me inspirei nas lições de Paulo Freire, que propôs a noção de 'conscientização', referente ao processo de desenvolvimento da 'consciência crítica' do sujeito sobre a sua realidade social por meio da reflexão e ação. Nesse contexto, cultivei três 'conscientizações' ao longo de minha pesquisa enquanto caminhava ao lado de 274 mulheres, consideradas especialistas dos seus próprios bairros nas cidades escocesas de Glasgow, Edimburgo e Perth.

A primeira conscientização diz respeito à história de apropriação. Na tentativa de ser inclusiva e conceituar a diferença e a diversidade, tenho consciência da injustiça que se compõe por meio da 'apropriação' das vozes de 'outros'. Como uma mulher originária do Sul Global, estabelecer relações com mulheres do mesmo hemisfério parece fácil. Contudo, fiz um esforço para não reforçar os padrões de apropriação cultural ou até de 'maternalismo' no meu papel 'privilegiado' de pesquisadora, mesmo que temporariamente, ao incorporar as vozes daquelas que, em geral, estão ausentes nas discussões de planejamento urbano.

Nesse contexto, a reflexividade significou pensar de maneira crítica sobre a minha presença e energia latinas 'típicas', por vezes representadas por um entusiasmo ilimitado! Ao ser reflexiva, tentei codesenvolver alianças recíprocas com base na empatia e no respeito mútuo, e também criar um espaço para que as mulheres participantes pudessem se retirar confortavelmente em qualquer momento da conversa.

Adotar entrevistas itinerantes nas quais as mulheres tivessem controle sobre o processo de pesquisa, decidindo quando iniciar ou encerrar as entrevistas e para onde ir, conferiu flexibilidade e estimulou a sensibilidade às relações de poder que moldam as dinâmicas entre participante e pesquisadora.

A segunda conscientização girou em torno da sensibilidade na criação de condições para engajar as mulheres em um pensamento generativo ao ar livre. Como pesquisadora, trouxe minhas experiências e histórico urbanos para o trabalho de campo, o que significou controlar qualquer tentação de fornecer minhas opiniões às participantes, em vez de criar condições para que elas gerassem seus próprios insights e conceituações singulares. Este processo exigiu auto-observação, abertura à diversidade de mentalidades e uma curiosidade genuína sobre aos processos de pensamento das mulheres com quem caminhei.

A terceira conscientização está relacionada a uma mudança intencional no foco da pesquisa, passando da concentração nos problemas para a valorização dos potenciais. Ao longo das décadas, tenho nutrido um interesse constante no papel das mulheres em promover uma revolução inclusiva e calculada na maneira como vivemos, nos deslocamos, interagimos, trabalhamos, ativamos e buscamos recreação nas nossas cidades. Essa revolução visa combater o conceito de cidade 'zoneada', onde moradia, trabalho, comércio e lazer são segregados em áreas distintas. Acredito que as próprias mulheres são as mais aptas a elucidar sua posição na sociedade e na cidade. Portanto, reconheço que minhas sensibilidades e observações se mostraram ferramentas importantes para me ajudar a compreender as perspectivas das mulheres com as quais interagi durante a pesquisa.

Assim, não vi a disparidade de gênero no planejamento urbano como um problema a ser solucionado, mas sim como um potencial a ser realizado. Reconhecer que as mulheres podem contribuir nas decisões e implementações da cidade, enriquecendo e agregando valor aos ambientes urbanos, especialmente em seus próprios bairros, é a hipótese central sobre a qual este livro se baseia. Durante minhas entrevistas itinerantes, manter uma perspectiva que enfatiza o potencial em vez dos problemas ocasionalmente surpreendeu algumas mulheres com quem conversei, principalmente aquelas que estavam predispostas a fazer uma lista de problemas cuja responsabilidade recaía sobre outros atores.

Adotar uma abordagem reflexiva em meu trabalho de campo me permitiu estar aberta a opiniões contrastantes, especialmente aquelas que poderiam contradizer as minhas próprias. Em resumo, ao praticar a consideração empática e tentar perceber a cidade através dos olhos das mulheres que entrevistei, consegui expandir meus horizontes de ideias e apreciar a beleza inesperada de suas experiências cotidianas.

Este livro entrelaça insights do meu trabalho de campo na Escócia com minhas observações socioespaciais derivadas de visitas, caminhadas e do meu processo de explorar e decifrar cidades como Nova York, Viena, Barcelona, Santa Cruz, Lille, Glastonbury, Florianópolis, Copenhagen, Alicante, Lisboa e Istambul, entre outras. Essas cidades são feitas de milhares de vilas e bairros. Ao me deslocar dos centros de cidades fervilhantes para territórios pós-industriais povoados por armazéns e terrenos vazios; de comunidades coesas para áreas modernistas caracterizadas pela ausência de alma, frequentemente me recordo da letra da canção de Lorna Kohler: *'Eu sou a tecelã (do tecido urbano). E eu sou o tecido'*.

Dedico meus esforços ao espírito da minha falecida mãe, Helena, e à sua geração de mulheres que testemunhou mudanças rápidas em seus ambientes urbanos – às vezes, limitando e outras vezes ampliando a experiência de ser mulher na cidade.

May East
Shakespeare & Co Nova York

1 | O Contexto

'Sem refletir, é fácil aceitar a paisagem física
como um pano de fundo neutro.'
~ Leslie Kanes Weisman ~

Ao longo dos anos, arquitetas, geógrafas e planejadoras urbanas têm sido fundamentais na exploração das cidades e do papel que as mulheres desempenham ao modelar e serem modeladas por elas. Embora existam pesquisas sobre como o planejamento urbano fracassa ao responder às necessidades e perspectivas das mulheres, o conceito de uma 'lacuna de gênero no planejamento urbano' permanece pouco teorizado e sub-representado no campo das aplicações práticas.[1][2][3][4]

Este livro surge na intersecção entre duas megatendências que influenciam o mundo em que vivemos: o reposicionamento das mulheres na sociedade e o ritmo acelerado da urbanização. Ele se baseia em uma série de documentos e relatórios recentes de 'formuladores de agenda' (agenda holders)[5][6] e 'agentes de conhecimento' (knowledge brokers) internacionais[7][8][9], que reafirmam que, historicamente, as cidades vêm sendo planejadas e construídas principalmente tomando a experiência masculina como referência. Como resultado, as cidades tendem a funcionar melhor para os homens do que para as mulheres.

A exclusão sistemática das mulheres no planejamento significa que suas vidas diárias e perspectivas raramente moldam a forma e a função urbanas.[10] Além disso, o que é conhecido como neutralidade de gênero no planejamento urbano não é nada do tipo: geralmente adota uma perspectiva masculina, reproduzindo estereótipos de gênero e frequentemente limitando as realidades das mulheres ao papel e função de cuidadoras.[11]

Neste livro, define-se mulher como uma pessoa que se identifica com o gênero feminino segundo o espectro de discursos atuais sobre identidade de gênero. Fui questionada em várias ocasiões sobre como

E se as Mulheres Projetassem a Cidade | 1

as cidades projetadas por mulheres poderiam se diferenciar das cidades projetadas por homens. Um estudo comparativo entre os gêneros não foi o foco da minha investigação. Pesquisas futuras certamente poderiam se dedicar a indagações similares, assim como a perspectiva de outras identidades de gênero e, de fato, de outras comunidades demográficas, sociais e culturais identificadas.

Estou convencida de que o futuro da humanidade e da biosfera será decidido pela maneira como escolhemos evoluir nossas cidades e vilas no século XXI. As cidades cobrem apenas 4% da superfície do planeta,[12] mas são responsáveis por 80% do consumo global de energia,[13] 75% das emissões de carbono[14] e mais de 75% dos recursos naturais do mundo.[15] Atualmente, 4.2 bilhões de pessoas vivem em cidades e vilas, e espera-se que mais 3 bilhões o façam nos próximos 40 anos.[16]

As cidades também geram sua própria riqueza, influenciam a política nacional e lideram uma nova e empolgante visão de governança para o próximo século. Nesse contexto, alguns diriam que, neste século, será a cidade — e não o estado — que se tornará o eixo do poder econômico e político. De fato, em muitos casos as autoridades municipais estão respondendo aos problemas transnacionais com mais eficiência que os estados-nações, aprisionados em rivalidades geopolíticas.

O argumento para que as cidades adotem uma abordagem regenerativa além da sustentabilidade é profundamente convincente. Pragmáticas em sua orientação e próximas das pessoas e seus problemas, as cidades também contêm as sementes de sua própria regeneração. No entanto, elas têm sido planejadas, desenvolvidas e construídas principalmente por homens, incorporando padrões bio-culturais-espaciais de desigualdade no tecido dos ambientes urbanos.

Globalmente, a urbanização é frequentemente associada à maior independência e oportunidade para as mulheres. Porém, ela também é caracterizada por desigualdade habitacional, uma infraestrutura de transportes que se baseia na propriedade de carros particulares, violência interseccional, preparação inadequada para enfrentar desastres ambientais e tomadas de decisão que refletem profundas desigualdades de gênero. Compreender as principais tendências de urbanização que se desdobrarão nos próximos anos, e revisitar o papel que as mulheres podem desempenhar na mediação do espaço e na criação do lugar, são cruciais para forjar um urbanismo de gênero que funcione para todas e todos.

Este livro adota uma abordagem singular do desenvolvimento das cidades ao utilizar uma estrutura (*framework*) metabólica de sistemas vivos[17] com o objetivo de criar condições para que estes espaços (as cidades) evoluam, se transformem e se auto-organizem por meio de processos circulares. O livro também abraça uma perspectiva de gênero do pensamento sistêmico para a mudança de sistemas, ao convidar as mulheres a revelar o potencial enraizado na singularidade de suas áreas e a identificar pontos de alavancagem para a transição de 'o que é' para 'o que pode ser'.

Eu me baseio em teorias emergentes de perspectiva regenerativa, em que as cidades são vistas como sistemas vivos complexos em uma parceria coevolutiva entre sistemas biofísicos e socioculturais, que têm o potencial de fortalecer o capital social e natural em vez de esgotá-los.[18] A teoria dos sistemas, o respeito pelo lugar e o engajamento das partes interessadas (*stakeholders*) são elementos fundamentais desta abordagem.[19]

Em sua essência, *design* é entendido como um processo de visualização conduzido como prática social — como proposto pela autora Sylvia Margolin e o historiador de design Victor Margolin — implicando que a forma urbana é concebida, discutida e planejada antes de ser desenvolvida.[20] Assim, as mulheres como designers são consideradas aqui criadoras de significado, influenciadoras e formadoras da configuração urbana que serve a múltiplos segmentos da sociedade. Além disso, o design como processo está associado à capacidade de liberar o potencial de cada lugar em sua singularidade — ao invés de identificar problemas a serem resolvidos — servindo para demonstrar como os sistemas urbanos podem coevoluir com os sistemas ecológicos.[21] [22]

Lugar, assim como a natureza, está em constante recriação e transformação. Aqui, lugar é definido como uma rede singular de multicamadas dentro de uma área urbana, que emerge das complexas interações entre os sistemas ecológicos, socioculturais e o ambiente construído. Eu me refiro a essa interação dinâmica como a singularidade bio-cultural-espacial do lugar em constante evolução. Minha hipótese é que, ao adotar uma perspectiva de singularidade bio-cultural-espacial do lugar, urbanistas, profissionais e comunidades podem descobrir relações interdependentes entre coisas aparentemente isoladas e, por sua vez, criar diagnósticos, políticas públicas, planos e projetos mais coerentes.

Jane Jacobs propôs que planos municipais no atacado nunca empolgaram as mulheres,[23] enquanto De Beauvoir afirmou que os homens são incapazes de representar adequadamente os interesses das mulheres.[24] Embora o planejamento urbano tenha sido no passado um domínio quase exclusivo de especialistas masculinos, e na década de 1990 métodos comunicativos e colaborativos tenham se tornado um pré-requisito dos processos de planejamento,[25] nos anos 2020, as mulheres estão se afirmando como protagonistas de um novo design urbano. Ao fazê-lo, muitas visam valorizar seu senso de lugar, cuidar dos espaços verdes e azuis, engajar com o mundo do transporte ativo e, acima de tudo, explorar como as cidades tanto do presente quanto do futuro podem ser mais verdes, selvagens, mais inclusivas, habitáveis e poéticas.

2 | Mulheres e Cidades: Uma Perspectiva do Mutualismo Coevolutivo

'Se o tempo é a dimensão da mudança, então o espaço é a dimensão da diferença coexistente.'
~ Doreen Massey ~

Existem duas perspectivas predominantes que informam os debates sobre 'disparidade de gênero no planejamento urbano', e que se interessam pela relação singular entre mulheres e cidades. Elas podem ser classificadas como *determinismo urbano* (cidades restringindo e moldando a experiência das mulheres na cidade) e *determinismo social* (mulheres influenciando as oportunidades que as cidades oferecem), revelando uma divergência nas visões de mundo, na formulação de políticas públicas e na manifestação física dos ambientes urbanos.

A perspectiva do determinismo urbano foca em como as cidades restringem, prejudicam e oprimem as mulheres.[26] [27] [28] Esta linha de argumentação vê o espaço urbano como fundamentalmente construído pela diferença de gênero, onde as mulheres são tanto privadas quanto excluídas das decisões de planejamento — que se torna uma prerrogativa de um segmento exclusivo da sociedade, nomeadamente homens ocidentais brancos de meia idade e sem necessidades especiais.[29] As mulheres, neste contexto, são frequentemente 'as pessoas planejadas', vítimas das escolhas de design urbano que moldam os arranjos sociais e, como resultado, influenciam as experiências de suas vidas.[30]

Aqueles que criticam a perspectiva determinista arquitetônica enfatizam a arrogância profissional de planejadores e arquitetos que introduzem simbolismos sexistas no ambiente urbano construído através de formas masculinizadas, incluindo a sedução dos arranha-

-céus.[31] Referindo-se à torre de escritórios, a poeta e professora de arquitetura americana Dolores Hayden escreveu: '[Isso] é mais um acréscimo à procissão de monumentos fálicos na história — incluindo postes, obeliscos, pináculos, colunas e torres de vigilância'.[32] A linha de argumento do determinismo urbano vê o papel das mulheres na regeneração das cidades como praticamente desafiador. [33] [34]

A Agenda 2030 da ONU posiciona as mulheres e meninas como agentes inovadoras de mudança, e a igualdade de gênero como central à realização de todos os Objetivos de Desenvolvimento Sustentável (ODS). Em princípio, a narrativa parece coerente: as cidades proporcionam oportunidades para a emancipação das mulheres, enquanto elas ganham espaço por meio da urbanização. Ao investigar o ODS 11 – Cidades e Comunidades Sustentáveis – a nível de metas (metas 11.2 e 11.7), a formulação do discurso é reveladora. As mulheres são caracterizadas como membros vulneráveis da sociedade que necessitam de proteção, ao lado de crianças, pessoas idosas e pessoas com necessidades especiais. É notável que mesmo 40 anos após a Convenção sobre a Eliminação de Todas as Formas de Discriminação contra as Mulheres,[35] a comunidade internacional ainda as associe àqueles grupos que necessitam de mais proteção na sociedade, em vez de propor um acordo político que as inspire e impulsione como sujeitos das cidades contemporâneas.

Em contraste, a perspectiva do determinismo social enfoca como as cidades emancipam as mulheres por meio da ampliação de seus horizontes socioeconômicos e da oferta de fuga dos comportamentos normativos — o que coincide intimamente com a minha própria experiência de crescer na megacidade de São Paulo. Esta forma de olhar a relação entre mulheres e cidades diz respeito à desconstrução do patriarcado incrustado na forma e função urbanas. Ela incorpora uma abordagem feminista dos direitos à cidade. Aqui, as cidades são entendidas como espaços ambíguos que podem ser apropriados pelas mulheres em busca de autonomia e independência.[36] [37] [38] O atraente tecido social urbano proporciona uma 'paisagem viva', onde elas podem se desvencilhar dos papéis obsoletos, experimentar novas liberdades, desafiar estereótipos existentes e moldar políticas públicas adequadas que considerem os direitos delas à cidade. O corpo de pesquisa feminista do determinismo social argumenta que espaço não é território exclusivo da arquitetura mas, sim, vislumbra possibilidades emancipatórias específicas de cada contexto capazes de transformar modelos opressivos de poder estrutural em territórios de apropriação pelas mulheres.

Em seu livro estimulante, *Sphinx in the City*, a pesquisadora independente Elizabeth Wilson defende a perspectiva do determinismo social, sugerindo que, em meio à 'urbanidade' da vida urbana, o padrão em que as mulheres experienciam a cidade e os homens a projetam pode ser desafiado.[39] Além disso, essa perspectiva afirma que é no cerne do cotidiano que podemos revisitar e desafiar a relação crítica entre poder e lugar. É no coração da cidade vibrante que promete uma infinidade de possibilidades que as dinâmicas de sistemas de emancipação, opressão e exclusão podem ser renegociadas.[40] Reforçando essa visão, Wilson afirma que as cidades têm oferecido liberdades sem precedentes para as mulheres, que podem se beneficiar do anonimato e da espontaneidade possibilitados pelos ambientes urbanos.[41]

Dado que os debates predominantes abordados acima se enquadram num paradigma dualista, com duas realidades contrastantes e mutuamente excludentes, busquei intencionalmente ajustar o equilíbrio ao propor uma perspectiva integrada que inclui e transcende essa cisão analítica. Portanto, sugiro uma terceira perspectiva emergente que denomino mutualismo coevolutivo.* Aqui, mulheres e cidades estão sistematicamente implicadas na construção umas das outras num processo contínuo de auto-organização e reorganização, cada vez maior em complexidade, definição e troca de informações. Esta perspectiva reconhece que as cidades contemporâneas podem tanto limitar quanto emancipar as mulheres que, por sua vez, são capazes de contribuir para uma rede complexa de relações e intervenções urbanas.

---

* Uma relação simbiótica pela qual duas ou mais espécies evoluem juntas, beneficiando uma a outra de maneira mútua e vantajosa.

Ao abordar a questão sobre 'que tipo de problema é uma cidade', a urbanista Jane Jacobs sugeriu que cidades são essencialmente problemas de complexidade organizada, com muitas variáveis inter-relacionadas em um todo orgânico:

> *As cidades, como as ciências da vida, não apresentam um único problema em sua complexidade organizada que, se compreendido, explique tudo. Elas podem ser analisadas em muitos desses problemas ou segmentos que, assim como nas ciências da vida, estão também inter-relacionadas entre si. As variáveis são muitas, mas não desordenadas; elas estão interconectadas em um todo orgânico.*[42]

A discussão sobre como as cidades influenciam as mulheres e como as mulheres moldam as cidades está no coração deste livro. A perspectiva do mutualismo coevolutivo oferece um *framework* na qual mulheres e cidades estabelecem um relacionamento interdependente e mutuamente benéfico, promovendo cidades sensíveis ao gênero no presente e no futuro. Para que isso ocorra, vejo a relação entre mulheres e cidades como um movimento contínuo, que gera interações afirmativas e é sustentado por novos padrões de pensamento e linguagem. Ao adotar essa perspectiva de sistemas do mutualismo coevolutivo, evitamos as armadilhas da visão de 'jogo de soma zero'[*], onde os avanços e protagonismo das mulheres nas cidades são percebidos como perdas inevitáveis para outras pessoas, especialmente homens. A abordagem do mutualismo coevolutivo, na qual duas ou mais espécies evoluem juntas de forma vantajosa e mutuamente benéfica, elimina essa percepção desde o início.

---

[*] Uma situação em que o ganho de uma pessoa é diretamente equilibrado pela perda de outra pessoa.

Linhas de argumentação existentes na discussão de disparidade de gênero no planejamento urbano			
Base de comparação	**Determinismo Urbano**	**Determinismo Social**	**Mutualismo Coevolutivo**
Relações de Poder	Sociedade mediada espacialmente Fetichismo espacial Ambientes urbanos dominados por homens	Espaço produzido socialmente Desafia o falogeocentrismo[43] Apropriação e possibilidades	Sociedade e espaço são fundamentais um para o outro Mulheres e cidades sistemicamente implicadas na construção uma da outra
Posição das Mulheres	Vulnerabilidade Subordinação	Confronto Emancipação	Sinergística Sistêmica
Padrões Espaciais	Determinam, restringem e limitam	Refletem as relações sociais Oferecem a fuga de comportamentos normativos	Promovem causalidade dialética Viabilizam

Tabela 1: Linhas de argumentação existentes para a disparidade de gênero no planejamento urbano

2.1 Conceito-chave – Presença

'No momento em que você percebe que não está presente, você está presente.' Eckhart Tolle

Os seres humanos existem na linguagem.[44] É nesse espírito de linguajar* que introduzo um novo conceito denominado 'presença', como um caminho para envolver mulheres e cidades em processos de mutualismo coevolutico. O conceito mistura as palavras 'presença' e 'agência', combinando ambos os significados. Ele adota a noção

---

* Um processo de criação de significado e construção do conhecimento através da linguagem.

de presença como uma forma consciente de prestar atenção à vida, momento a momento, combinada com agência, entendida como a consciência crítica do contexto e a capacidade de agir.

Para Paulo Freire,[45] reflexão e ação são elementos simbióticos que sustentam o desenvolvimento de uma consciência crítica da realidade social. Simbiose aqui é entendida aqui como a interação entre dois sistemas vivos diferentes em íntima associação física, normalmente para o benefício de ambos.[46] A ênfase na reflexão em detrimento da ação leva ao verbalismo retórico, enquanto a ação isolada só consegue gerar frutos de ativismo superficial e mudanças positivas limitadas. Não basta que as mulheres se reúnam em diálogo para conhecer a sua realidade urbana. A reflexão crítica que desvenda dilemas reais, aprimora sua capacidade de agir de maneira intencional e responsável para transformar sua realidade. Assim, o conceito de agência adotado aqui se ancora na reflexão sobre a condição atual dos bairros em que as mulheres vivem, incentivando-as a codesenvolver novas linhas de trabalho em seus contextos urbanos.

Ao introduzir o conceito de 'presência', reconheço que mudanças profundas no ambiente urbano, como as aspiradas pelas mulheres contemporâneas, raramente emergem de processos de formulação de políticas 'não representativas', tampouco de mudanças puramente funcionais na infraestrutura urbana.

A mudança transformadora brota da dinâmica entre reflexão e ação, presença e agência, o domínio do ser e o mundo da função (também a partir de eventos disruptivos e inesperados). Dentro dessa perspectiva, as mulheres são compreendidas como atores reflexivos que podem se transformar no processo de mudança de seus ambientes.

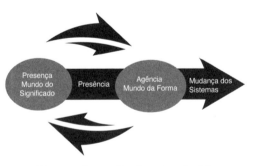

Figura 1: O conceito-chave 'presência'

3 | Pensamento Sistêmico para a Mudança nos Sistemas Urbanos

'As crises que enfrentamos são sistêmicas por natureza. Para superar essas crises, precisamos entender como os sistemas funcionam. Para chegar a tal entendimento, precisamos pensar de maneira sistêmica.'
~ Ludwig Von Bertalanffy ~

Este livro trata das relações simbióticas entre mulheres e cidades com o objetivo de promover bairros regenerativos. Entretanto, nem todas as relações simbióticas são regenerativas. Assim, recorro ao conceito de design regenerativo — como definido pelo Grupo Regenesis[47] — para orientar os processos simbióticos identificados neste livro, em direção à harmonização das ações humanas com a contínua evolução da vida na Terra. Isso implica criar condições para que as comunidades urbanas possam se alinhar de forma vital aos sistemas vivos naturais que as sustentam.

Einstein sugeriu que a mentalidade que cria um problema inicialmente não será capaz de resolvê-lo.[48] A natureza interseccional das crises biofísicas, sociais e econômicas que afligem nosso mundo moderno(nista), enfatiza a crescente necessidade de colaboração entre diversas disciplinas e demanda novos modos de pensar para entender como os problemas que enfrentamos estão interconectados. Assim, os avanços combinados na teoria social, na ciência da complexidade, no campo dos sistemas vivos e na cibernética social[49] ajudaram a despertar o mundo do que William Blake chamou de o 'sono de Newton'.[50]

Para o historiador e filósofo da ciência Thomas Kuhn, paradigmas e práticas que definem uma disciplina científica mudam quando as soluções existentes não funcionam mais e questões emergentes requerem novas abordagens.[51] Em resposta à complexidade crescente de nossa compreensão do mundo e das maneiras pelas quais ten-

E se as Mulheres Projetassem a Cidade | 11

tamos controlá-lo, desde os anos 1950 uma notável diversidade de *frameworks* e metodologias nasceu do pensamento sistêmico.

Mas o que é um sistema? Inspirada por uma das pensadoras de sistemas mais citadas dos anos 1990, Donella Meadows, entendo um sistema como um conjunto de elementos, subelementos ou partes interconectadas de forma que, juntas, servem a um propósito abrangente.[52] O pensamento sistêmico é, portanto, o *framework* subjacente que observa, nomeia e descreve a relação entre essas interconexões. Quando isso acontece, podemos acessar o que a escritora e educadora Nora Bateson chama de 'dados quentes',[53] ou seja, outros tipos de informações e novos padrões de conexão entre elementos que, quando identificados, podem desencadear novas linhas de trabalho sistêmico.

O pensamento sistêmico abraça a complexidade, não finge que ela não existe. Assim, ele oferece uma linguagem eficaz que nos ajuda a discutir as complexidades e interdependências dinâmicas, como aquelas encontradas nas realidades multifacetadas do planejamento urbano com os quais planejadores se deparam.

O sistema que empregamos para arquitetar as cidades ainda é influenciado pelo pensamento de comando e controle da reconstrução pós-guerra e pelas abordagens regulatórias do ambiente construído.[54] Tradicionalmente, urbanistas e políticos (papéis historicamente dominados por homens) acreditaram que podem controlar a natureza complexa das cidades por meio de zoneamentos e planejamento do uso do solo, visando criar mercados imobiliários funcionais. Muitas decisões são tomadas a portas fechadas. Contudo, os sistemas podem evoluir e diversificar.

À medida que leem este livro, eu convido vocês a se juntar a mim na investigação de caminhos capazes de reverter a histórica disparidade de gênero no planejamento urbano por meio de uma exploração sistêmica de novas direções emergentes. Ao centrar o homem trabalhador sem deficiências como o usuário 'neutro' da cidade, o planejamento moderno criou espaços urbanos mais adequados para os homens — e, muitas vezes, para aqueles brancos, saudáveis e ricos — do que para mulheres, meninas, pessoas com deficiências e minorias sexuais, de gênero e étnicas. Inserida na riqueza das experiências cotidianas das mulheres de caminhar e viver na cidade, espera-se que este trabalho revele interdependências sistêmicas ainda não registradas, amplie o espectro de participação no planejamento urbano e instigue novas linhas de trabalho que, juntas, tenham o poder de transformar as realidades urbanas.

4 | Pontos de Alavancagem: Onde Intervir em um Sistema

'Um sistema é um modo de ver o mundo.'
~ Gerald M. Weinberg ~

Frameworks possuem poder estruturante, e o pensamento sistêmico pode nos ajudar a ampliar nossa compreensão dos complexos sistemas sociais, naturais e espaciais. Um exemplo influente de tal *framework* foi desenvolvido por Donella Meadows. No ensaio *Leverage Points: Places to Intervene in a System*,[55] Meadows lançou a hipótese de que 'existem lugares em um sistema complexo — que pode ser uma empresa, uma economia, um corpo vivo, uma cidade, um ecossistema — onde uma pequena mudança em uma única coisa pode produzir grandes mudanças em tudo'.[56] Meadows propôs dois tipos de pontos de alavancagem: os 'superficiais', onde uma pequena força de mudança causa uma pequena mudança no comportamento do sistema; e os 'profundos', onde uma pequena força de mudança provoca ampla mudança, potencialmente resultando em uma transformação no comportamento do sistema.

O matemático e inventor grego Arquimedes é amplamente creditado por introduzir o conceito de alavancagem há mais de 2 mil anos. Ele afirmou:

> *Dê-me uma alavanca longa o suficiente e um ponto de apoio, e eu moverei o mundo.*[57]

Uma alavanca permite concentrar o esforço de erguer ou mover objetos a partir de um determinado ponto de apoio. Nesse processo, o local onde se apoia é quase tão importante quanto o comprimento da alavanca em si. De forma semelhante, um ponto de alavancagem é onde um pequeno estímulo preciso em um lugar específico pode levar a melhorias significativas e duradouras no sistema como um todo. Como pontos de acupuntura, os pontos de alavancagem são locais onde uma intervenção estratégica é capaz de criar mudanças duradouras — efeitos em cascata positivos ou negativos que se espalham amplamente.

O inventor Richard Buckminster Fuller utilizou o conceito de 'trim tab' para se referir a pontos de alavancagem, destacando que qualquer pessoa pode atuar como um *trim tab*.[58] Um *trim tab* é um pequeno timão localizado no leme de um navio ou avião. Sua função é facilitar a movimentação do leme maior que, por sua vez, facilita a movimentação do navio ou do avião. Fuller sugeriu que, se uma pequena lâmina de metal pode alterar o curso de um grande navio, qualquer indivíduo pode mudar o curso da humanidade.

Entretanto, Donella Meadows nos aconselhou a 'permanecer humildes e continuar aprendendo',[59] antes de cogitar intervir em um sistema. Precisamos analisar os padrões, estruturas, regras e paradigmas do sistema em questão para determinar onde é melhor ativar e impulsionar um ponto de alavancagem dentro dele para criar novos cursos de ação generativa. Para efetuar a mudança que buscamos, talvez precisemos abandonar antigas suposições e crenças sobre como o mundo funciona.

Meadows descreveu doze pontos onde é possível intervir em um sistema por ordem ascendente de eficácia, e os agrupou em quatro categorias principais analíticas: Parâmetros, Ciclos de Feedback, Estrutura do Sistema e Modelos Mentais.

Figura 2: As quatro categorias de pontos de alavancagem por Donella Meadows

Parâmetros são números descritos em um sistema, como impostos, incentivos e padrões — que podem ser padrões de qualidade do ar, a extensão de terra destinada à conservação ou o volume de chuvas. Esta categoria também inclui intervenções materiais como infraestrutura física ou redes de transporte e logística. Meadows classifica os parâmetros como os de menor fator de influência em sua lista de intervenções. Embora eles possam ser os mais visíveis e reconhecidos entre todos os tipos de alavancagens, em geral são os mais lentos e caros para efetuar mudanças no sistema, raramente mudando comportamentos.

 Ciclos de feedback consistem em canais de informação, tanto positivos como negativos, que são oportunos e relevantes dentro de um sistema. Enquanto os ciclos de feedback negativo se autocorrigem, os feedbacks positivos se autorreforçam. Existe uma associação direta entre atrasos de feedback e o ritmo da mudança de um sistema: por exemplo, atrasos entre a necessidade de uma mudança de política pública em uma cidade, e o tempo necessário para sua implementação. Para Meadows, a ausência de feedback é um fator significativo que muitas vezes leva a falhas no sistema.

 A terceira categoria — **Estrutura do Sistema** — enfatiza o poder das regras do sistema e, igualmente, de quem as controla. Ao redefinir as regras do sistema (seu alcance, seus limites e graus de liberdade) e dos fluxos de informações, pode-se influenciar o comportamento de políticas, processos e pessoas e provocar mudanças transformadoras dentro dele. Esta categoria destaca o potencial de sistemas vivos e sociais de adicionar, mudar, evoluir, auto-organizar-se ou se reinventar sob diferentes condições.

 Finalmente, a categoria **Modelos Mentais** diz respeito à mudança intencional de mentalidades e paradigmas, reforçando a necessidade de se manter flexível e evitar um apego excessivo às visões de mundo pessoais. Como um ponto de alavancagem, mudar os modelos mentais envolve alterar as crenças e suposições profundamente arraigadas que moldam a forma como as pessoas entendem e interagem com o mundo. A evolução dessas visões de mundo pode gerar impactos significativos e frequentemente duradouros no sistema como um todo.

Categorias	Pontos de intervenção em um sistema (em ordem crescente de eficácia)
Parâmetros	12. Parâmetros (tais como números, taxas, padrões)
	11. O tamanho dos estoques de reserva e seus fluxos
	10. A estrutura dos estoques e seus fluxos materiais
Ciclos de Feedback	9. A duração dos atrasos, relativos ao índice de mudança do sistema
	8. A força dos ciclos de feedback negativos
	7. O ganho dos ciclos de feedback positivos
Estrutura do Sistema	6. A estrutura dos fluxos de informação (quem tem e quem não tem acesso a que tipo de informação)
	5. As regras do sistema (como incentivos, punições e restrições)
	4. O poder de adicionar, mudar, evoluir ou auto-organizar a estrutura de um sistema
Modelos Mentais	3. Os objetivos do sistema
	2. A mentalidade/paradigma do qual o sistema se origina
	1. O poder de transcender paradigmas

Tabela 2: Os 12 pontos de alavancagem agrupados
em quatro características dos sistemas[60]

De seu prolífico corpo de pensamento, Donella Meadows ofereceu palavras de cautela:

> 'Não podemos impor nossa vontade a um sistema. Podemos ouvir o que o sistema nos diz e descobrir como suas propriedades e nossos valores podem trabalhar juntos para criar algo muito melhor do que poderia ser produzido apenas pela nossa vontade.'[61]

Eu me baseio no *framework* dos pontos de alavancagem de Meadows para organizar as ideias das mulheres com que conversei e ajudar a visualizar, comunicar e compartilhar recomendações com autoridades locais, urbanistas e comunidades sobre como projetar e desenvolver cidades que funcionem para todas e to'dos. A perspectiva dos pontos de alavancagem é ideal para estruturar as descobertas das entrevistas itinerantes, abrangendo desde aspectos muito pragmáticos (por exemplo como seria a aparência das cidades se as calçadas fossem construídas, a rede de transporte público interligada, becos iluminados e orçamentos participativos distribuídos), até os aspectos de ideação originários da 'presência' das mulheres. Meadows também reconhece a influência que a distribuição de poder, a mentalidade e as regras do sistema exercem na democratização da maneira como as mulheres e meninas usam e vivenciam o espaço público.

5 | Design Regenerativo: Revitalizando Sistemas Urbanos

'O amor pelo lugar estimula a vontade pessoal e política necessária para promover mudanças profundas. Ele também pode unir as pessoas de diversos espectros ideológicos, porque o lugar é o que todos nós compartilhamos: é o bem comum que permite que as pessoas se considerem uma comunidade.'
~ Pamela Mang ~

A regeneração urbana, como conceito aplicado, evoluiu ao longo do tempo. Suas raízes se encontram no mapa funcional definido pela Carta de Atenas, que lançou as bases do planejamento urbano moderno.[62][63] A Carta, supostamente produzida pelo histórico *Congrès Internationaux d'Architecture Moderne* (CIAM), realizado a bordo do SS Patris em rota de Marselha a Atenas em 1933, é considerada um divisor de águas. Ela marcou um novo rumo para os conglomerados urbanos até então desenvolvidos organicamente em direção a 'uma máquina urbana organizada, impecavelmente higiênica e estruturalmente transparente'.[64] Esse manifesto modernista exerceu uma influência profunda na arquitetura, nas práticas de planejamento e na reconstrução da Europa pós-guerra. Defendia uma política de uso de solo funcional e metódica, com uma separação mecânica entre moradia, trabalho, mobilidade e lazer;[65] e planos tecnologicamente racionais em larga escala[66], em detrimento do esteticismo caótico pré-existente de superposição de ruas, lojas e casas.

No alvorecer da era modernista, as cidades europeias eram amplamente projetadas e planejadas por engenheiros civis, arquitetos e especialistas em saúde pública — campos dominados por homens[67] usando uma estética 'universal' para construir para o 'homem'; e não necessariamente para todos os homens de maneira igual, já que a classe social também intersectava.[68] A maioria das cidades ocidentais carrega essa marca do planejamento modernista e patriarcal.[69] A

E se as Mulheres Projetassem a Cidade | **19**

Carta de Atenas continua sendo uma das tendências mais controversas no planejamento urbano e ainda influencia as principais técnicas de planejamento adotadas nas abordagens de zoneamento, mesmo quando aplicadas de forma mais flexível. Isso tem um efeito duradouro nas vidas das mulheres contemporâneas, particularmente aquelas que residem em conjuntos habitacionais.

O planejamento sempre operou sob a presunção de uma cultura dominante. Por mais de um século, a teoria e a prática da 'regeneração' moldaram e mudaram os ambientes urbanos (muitas vezes visando a 'exclusão social'), em resposta às mudanças nas condições de vida guiadas pelas forças econômicas e políticas da época. No limiar do século XXI, um grupo inspirador de teóricos e praticantes regenerativos se empenhou em reposicionar a 'regeneração' como um paradigma baseado no conhecimento fundamentado na ciência dos sistemas vivos e na consciência de que cada forma de vida é única e está aninhada em outros sistemas vivos maiores.[70] [71] [72]

Os defensores do design e do desenvolvimento regenerativos argumentam que, em um mundo imprevisível, podemos ajudar os lugares onde vivemos e trabalhamos a prosperar, indo muito além de apenas sustentar um equilíbrio precário entre a comunidade maior de vida e as necessidades humanas essenciais para a sobrevivência e qualidade de vida.[73] Na prática, o conceito de desenvolvimento urbano regenerativo assegura que as cidades não só alcancem o 'resíduo zero' e baixas emissões de carbono, mas também aprimora a relação entre uma humanidade urbanizada e os ecossistemas que sustentam seus estilos de vida.[74] Para esse coletivo de 'regenerativistas', o desafio de design diante dos tomadores de decisões urbanos é melhorar e revitalizar as condições degradadas dos solos, espaços verdes, cursos d'água e zonas circundantes. Isso também significa adotar uma abordagem centrada no lugar para combater a tendência dos planos diretores e de escalabilidade, em que uma abordagem particular é aplicada em toda cidade com pouca consideração pela singularidade do lugar.[75]

5.1 *Framework* Regenerativo de Pesquisa

Um *insight* essencial da teoria do desenvolvimento regenerativo é a ideia de que podemos substituir a dominância pela intimidade na nossa relação com a entidade do lugar.[76] Para captar as relações implícitas das mulheres com as cidades em que vivem, desenvolvi um *framework* regenerativo de seis estágios, capaz de ser aplicado em diversos contextos e áreas temáticas para fornecer uma estrutura coerente que orientasse a minha investigação. Assim, esse ciclo de investigação (Figura 3) foi aplicado igualmente em cada uma das quatro áreas que investiguei: senso de lugar, espaços verdes, transporte ativo e segurança.

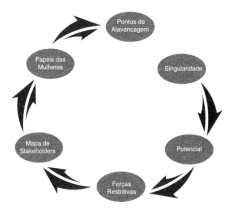

Figura 3: *Framework* Regenerativo de Investigação

Estágio 1 — Singularidade do Lugar

A narrativa em torno da singularidade do lugar serviu como ponto de partida para a minha pesquisa. Ao abordar a questão 'O que é único neste lugar?', as mulheres foram convidadas a revelar o caráter essencial do lugar ao qual estavam conectadas, por que as pessoas se importavam com ele e por que precisam trabalhar juntas para realizar um futuro próspero. A teoria regenerativa destaca a relação simbiótica entre o lugar e (pelo menos) dois níveis de sistemas aninhados, às vezes referidos como o todo próximo e o todo maior — por exemplo, uma floresta, situada em um vale que se situa numa bacia hidrográfica.[77] Desta forma, as participantes frequentemente descreveram o valor bio-cultural-espacial de seus bairros em relação à cidade, região e até ao país.

Estágio 2 — Explorando o Potencial

A teoria regenerativa busca entender o potencial, que surge da relação entre a singularidade de um lugar e os sistemas nos quais esse lugar está aninhado.[78] Essa conexão entre singularidade e potencial pode ser visualizada como uma tira elástica. Um elástico em repouso contém dois tipos de energia: energia potencial, que é a energia armazenada, e energia cinética, que é a energia em movimento.[79] Quando a distância entre a singularidade do lugar e o potencial está esticada demais, fazendo com que o objetivo pareça impossível de ser alcançado, o impulso para uma nova direção pode perder ímpeto antes de se concretizar. Por outro lado, se a tensão for insuficiente, pode haver pouca motivação para trazê-lo à existência. Ao abordar a questão 'Como seria este lugar se ele realmente alcançasse seu potencial?', as participantes mudaram sua forma de pensar: em vez de focar nos problemas, passaram a imaginar os potenciais. Como resultado, começaram a entender o processo de aproveitamento do potencial como uma fonte de motivação individual e coletiva.[80]

Estágio 3 — Forças Restritivas

As forças restritivas foram abordadas por meio de um *framework* regenerativo denominado 'Lei dos 3', que supõe que três influências precisam estar presentes para que algo novo seja criado: a força ativadora, que se esforça para criar mudança e trazer inovação; a força restritiva, originada do receptor da ação e que visa a conservar o status quo; e a força reconciliadora que, ao tentar harmonizar as duas forças, manifesta algo novo. Ao explorar quais são as forças restritivas ou desafios para melhorar o caráter dos lugares, o uso dos espaços verdes, o nível de segurança e como as mulheres se deslocam em suas áreas, as participantes identificaram e se engajaram apartir de uma perspectiva relacional (e nao antagonística) com as forcas que mantêm o status quo em seus ambientes urbanos.

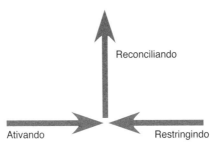
Figura 4: Diagrama das três forças segundo o Grupo Regenesis[81]

Estágio 4 — Mapeamento de Stakeholders

Stakeholders são geralmente definidos como os que são afetados de forma positiva ou negativa por um projeto ou iniciativa. Consequentemente, o engajamento dos *stakeholders* tende a ser de natureza transacional. No design regenerativo, porém, o engajamento dos *stakeholders* se torna relacional. Neste contexto, *stakeholders* são entendidos como aqueles que devem ter voz na realização do potencial que um processo regenerativo traz ao seu lugar.[82] Ao abordar a questão 'Quem deveria liderar essas mudanças?' (originadas da tensão entre o potencial e as forças restritivas), as mulheres refletiram sobre o capital social presente em suas áreas e distribuíram responsabilidades por todo o sistema de *stakeholders*.

Estágio 5 — Papéis das Mulheres

Desde o tempo dos filósofos gregos da antiguidade, muitos escritores e acadêmicos articularam uma conexão profunda e intuitiva entre os atos de caminhar e pensar. Este estágio tentou criar as condições para que as participantes revelassem, recuperassem e reconsiderassem seus papéis, posições e ações como sujeitos das realidades urbanas. Ao caminharem por suas vizinhanças, as entrevistadas exploraram papéis existentes ou imaginários que estavam dispostas a assumir para realizar o potencial do lugar, realçando a vitalidade dos espaços verdes, aumentando as opções de transporte ativo e melhorando a segurança percebida e real de todos.

Etapa 6 — Pontos de Alavancagem

O estágio final do *framework* de investigação reúne os cinco anteriores — singularidade, potencial, forças restritivas, mapeamento dos *stakeholders* e papéis das mulheres — para manifestar pontos de alavancagem que conduzem a novas linhas de trabalho voltadas à transformação da desigualdade de gênero no planejamento urbano.

Este livro busca responder à pergunta 'E se as Mulheres Projetassem a Cidade?' a partir de uma perspectiva regenerativa. No entanto, é importante lembrar que, embora as abordagens regenerativas de conhecimento se proponham a enfrentar o desafio de redesenhar a presença humana no planeta, não afirmo que a perspectiva regenerativa seja a única história válida para influenciar o design de cidades sensíveis às questões de gênero.

6 | Mapear a 'Presência' das Mulheres por meio de Entrevistas Itinerantes

´Caminhar é mapear com os pés. Caminhar ajuda a unir as peças da cidade, conectando vizinhanças que, de outro forma, poderiam permanecer entidades discretas, planetas diferentes interligados, contínuos, mas remotos.'
~ Lauren Elkin ~

Vamos agora além da teoria. Para visualizar como seria a aparência e o funcionamento das cidades se elas fossem desenhadas por mulheres, vamos explorar como formas inovadoras de mapear tanto a presença quanto a agência das mulheres contemporâneas podem apoiar o surgimento de narrativas ainda não registradas. Minhas descobertas resultaram de um trabalho de campo conduzido por meio de entrevistas itinerantes a pé (*walking interviews*) complementadas pelo uso de uma plataforma de SIG*, utilizada como ferramenta para armazenar, gerenciar, visualizar e analisar dados espaciais e não espaciais.

As entrevistas em caminhadas ocorrem em movimento, no ritmo e na cadência das vidas diárias das mulheres. Envolvendo um 'triálogo' entre uma ou mais participantes, o lugar que percorremos e eu como pesquisadora,[83] essas caminhadas pelos bairros das mulheres criaram oportunidades para cada participante pensar em voz alta, expor seus modelos mentais ao ar livre e se engajar em um processo iterativo de reflexão entre teoria e prática.

---

* Sistema de Informação Geográfica — uma tecnologia que captura, armazena, analisa e apresenta dados com referências geográficas e visualiza padrões, relações e tendências no mundo real.

Caminhar ao lado das mulheres enquanto observava e experienciava suas práticas cotidianas rendeu múltiplos benefícios. Inicialmente, as participantes puderam mostrar, em vez de apenas descrever, os aspectos de seus bairros associados aos temas que desejavam explorar, proporcionando-me insights diretos de como elas percebem, vivenciam e exercem 'agência' em seu ambiente e vice-versa.

As entrevistas itinerantes também foram dinamicamente multissensoriais,[84] envolvendo múltiplos sentidos das participantes — visual, auditivo, olfativo, social e cognitivo. Por exemplo, várias mulheres se referiram à relação entre o som e a percepção de segurança em espaço públicos, enquanto uma entrevistada demonstrou como o aroma de arbustos em flor determinava a escolha de qual caminho seguir em seu trajeto diário até o trabalho. Essa abordagem multissensorial indica novas linhas de trabalho para o designer regenerativo, ampliando o escopo de suas sensibilidades que transformam os espaços urbanos, ao considerar as experiências sociais, cognitivas e emocionais dos moradores.

Uma vantagem das entrevistas itinerantes é que elas criaram condições para o surgimento de experiências e insights serendípicos e inesperados.[85] Vários desses eventos ocorreram, como, por exemplo, em discussões acerca das consequências do financiamento desigual que favorece ruas (para carros) em detrimento de calçadas (para pedestres); ou ao encontrar um pai lutando para empurrar um carrinho de bebê ao longo de uma calçada irregular; ou ainda em conversas sobre amplas seções de um parque dedicadas a esportes competitivos comprovando a influência de classe, idade e gênero, com a participante sendo 'atropelada' por um esportista corredor representante de tal influência; ou até mesmo uma participante sendo silenciada pelo alto ronco de um motor enquanto refletia sobre o incômodo dos bairros centrados nos carros.

No início dos anos 1990, no Canadá, o *Metropolitan Toronto Action Committee on Violence Against Women and Children's* (Comitê Metropolitano de Toronto para a Ação sobre a Violência Contra Mulheres e Crianças — METRAC) inaugurou uma versão de entrevistas itinerantes como ferramenta para prevenir a violência urbana, bem como incrementar a participação das mulheres na governança municipal.[86]

Em um formato de 'auditoria de segurança', as mulheres eram convidadas a caminhar pelos espaços que utilizavam, observando e identificando fatores como iluminação inadequada ou ausente, pichações com mensagens desencorajadoras, vielas assustadoras ou arbustos crescidos que as faziam sentir inseguras.[87] Essas caminhadas às vezes ocorriam com funcionários municipais, após as quais um relatório era apresentado aos responsáveis pela segurança na cidade. A partir deste ponto, esperava-se que as mudanças recomendadas fossem implementadas, e que as áreas consideradas ameaçadoras se tornassem lugares mais seguros para todos na comunidade. A abordagem METRAC foi desde então ampliada, tornando-se uma metodologia de feedback direto que permite aos tomadores de decisão obterem o 'conhecimento do usuário' da cidade e vice-versa, propiciando aos residentes a transmissão de suas experiências às pessoas responsáveis pelo design urbano.

As entrevistas itinerantes foram conduzidas pelas próprias participantes que selecionaram a localização geográfica e o percurso onde a entrevista se desenrolaria. Algumas se prepararam com antecedência, enquanto outras simplesmente optaram por caminhar e decidir o trajeto no momento. As mulheres foram consideradas guias especialistas e informadas de que a rota que escolhessem me permitiria, como pesquisadora, acessar suas experiências e conhecimentos sobre seu território específico.

Inspirada pela Tecnologia do Espaço Aberto criada por Harrison Owen,[88] desenvolvi princípios simples que eram fáceis de compreender e seguir.

> **Princípios e Regra de Ouro de 'Entrevistas Itinerantes' (Walking Interviews) para E se as Mulheres Projetassem a Cidade?**
>
> **Os Três Princípios:**
> 1. As mulheres participantes são guias especialistas, escolhendo o percurso que desejam explorar;
> 2. Sempre que a caminhada começar, é o momento certo;
> 3. Quando terminar, terminou.
>
> **A Regra de Ouro:**
> A participação nesta entrevista é voluntária. Optar por não participar não lhe prejudicará sob nenhum aspecto. Você tem o direito e a liberdade de abandonar a caminhada a qualquer momento sem explicação.

Tabela 3: Princípios e Regra de Ouro de *Walking Interviews*

Assim, as participantes tomaram todas as decisões, incluindo a rota a ser seguida, a duração da entrevista e o que queriam mostrar e revelar fisicamente. A duração média dessas entrevistas itinerantes foi de uma hora; sendo que a mais curta durou 19 minutos e a mais longa se estendeu por uma hora e 34 minutos. Em geral, ao final de cada entrevista, as próprias participantes marcavam a área percorrida em um aplicativo que desenvolvi usando uma plataforma SIG.

Meu trabalho de campo abrangeu 274 mulheres, tanto de bairros afluentes quanto de alguns de difícil acesso em Perth, Portobello e Wester Hailes, em Edimburgo, e Drumchapel e Yorkhill & Kelvingrove, em Glasgow. Ao ouvir suas reflexões sobre a singularidade bio-cultural-espacial de suas áreas, elas falaram sobre questões relacionadas à acessibilidade de infraestruturas sociais, vitalidade dos espaços verdes, confiabilidade do transporte público e segurança das ruas. Aspectos do caráter de cada bairro podem ser encontrados no apêndice Narrativas.

Inseridas em sua experiência cotidiana da cidade, as mulheres participantes foram convidadas a revelar oportunidades existentes e potenciais para trazer mais vitalidade e viabilidade ao coração de seus mundos urbanos. Suas narrativas foram estimuladas pela imaginação do potencial, identificação de restrições e ampliação da rede de responsabilidade entre os stakeholders do bairro. Exceto quando especificado, todas as citações do próximo capítulo foram extraídas dos valiosos insights compartilhados por estas notáveis participantes.

28 | E se as Mulheres Projetassem a Cidade

7 | 33 Pontos de Alavancagem para Fazer sua Cidade Funcionar Melhor para Mulheres e Meninas

Estar às margens do mundo não é o melhor lugar para alguém que quer recriá-lo: para ir além do que é dado, é preciso estar profundamente enraizado nele.
~ Simone de Beauvoir ~

As ricas descobertas das minhas entrevistas itinerantes proporcionaram o contexto para a identificação de 33 pontos de alavancagem e linhas de trabalho, contribuindo para o desenvolvimento de abordagens inclusivas de planejamento para a regeneração dos bairros. O que se segue são os generosos insights dessas mulheres — entrelaçados com as minhas observações de diversas cidades que gradualmente vislumbram um mosaico de intervenções sensíveis de gênero enraizados na singularidade bio-cultural-espacial dos lugares.

Tenha em mente que, para aplicar o conceito de pontos de alavancagem em sua cidade ou bairro, encontrar o ponto de alavancagem certo é apenas a metade do caminho. A outra metade envolve ativá-lo de maneira regenerativa com objetivo de cultivar cidades que funcionem melhor para mulheres e meninas, além de beneficiar outras demografias de forma mais ampla.

Ponto de Alavancagem 1 – Cultivando a biofilia

As pessoas são motivadas a proteger, restaurar e regenerar lugares com os quais têm relações íntimas e significativas, baseadas na familiaridade, em conhecimento e afeto.[89][90] Cultivar a biofilia é um ponto de alavancagem que se refere à categoria *Mentalidade*, onde o senso de identificação das pessoas com os sistemas vivos está enraizado na experiência vivida.

A palavra biofilia tem origem no grego 'philia', que significa 'amor a' e ´bíos´, que significa 'vida'.[91] Ela se refere aos vínculos inerentes que os humanos são capazes de formar com outras espécies e sistemas vivos dos quais dependem. Aqui, urbanistas são convidados a desenvolver sensibilidades e competências para projetar espaços na cidade onde encontros significativos possam ocorrer entre humanos e outras formas de vida. O design urbano biofílico conecta jardins a parques, hortas urbanas a matas ciliares e paredes e telhados verdes a bosques urbanos, proporcionando uma experiência contínua para que residentes de todas as idades — da infância à vida adulta — possam nutrir o amor pelas coisas vivas, e para que outras formas de vida possam se mover mais livremente pelas paisagens urbanas. Este ponto de alavancagem sugere que, ao promover conexões entre os humanos e a natureza mais-que-humana, podemos apoiar a coevolução e a prosperidade dos sistemas social e ecológico.

Inaugurado em 1926,[92] o Parque Garcia Sanabria em Santa Cruz de Tenerife é um excelente exemplo de um espaço que atende todas as idades e convida a múltiplas formas de conexão com a natureza. Chegando no início da manhã, você poderá se juntar a um grupo de mulheres e homens maduros dançando para começar o dia. Ao lado, outro grupo realiza asanas e saudações ao sol, guiados por um professor de ioga. Se você chegar ao final da tarde, pode encontrar jovens tirando selfies e imersas nos perfumes do jardim aromático. Em outra seção do parque, meninos podem ser encontrados escondidos nas alcovas de bambu. Os espaços recreativos se intercalam com obras de arte, oferecendo locais de descoberta para todas as faixas etárias. Há uma sensação de acolhimento projetada em todas as entradas do parque: um convite para inspirar relaxamento e expirar conectividade bio-cultural. A ausência de embalagens vazias de chips, latas de refrigerante ou outras formas de lixo reforça o fato de que identificações positivas com o lugar podem desencadear comportamentos de proteção e cuidado com o espaço.

> Pare por um momento. Traga à mente uma de suas primeiras lembranças de identificação com algum aspecto da natureza. Agora avance no tempo e imagine esse mesmo lugar no futuro. Como você o vê? Preservado em seu vigor inesgotável...?

A teórica regenerativa Carol Sanford, especialista em mudança sistêmica empresarial, acredita que há pouco valor em considerar a vitalidade dos sistemas vivos apenas em termos intelectuais.[93] Ao contrário, deve ser internalizada como um modo de ser ou de pertencer — como expresso por Mary Oliver, de forma tão poética:

> ...Quem quer que você seja, não importa quão solitário,
> o mundo se oferece à sua imaginação,
> chama você como os gansos selvagens, seu som estridente e
> excitante – anunciando, repetidamente,
> seu lugar na família das coisas.[94]

Durante minhas entrevistas itinerantes com mulheres em Perth, Escócia, as participantes demonstraram uma afinidade com o mundo natural ao falar sobre o rio Tay. Elas viam o rio preservado como habitat das lontras e dos castores; além de imaginarem atividades livres de carbono como vela, *stand up paddle* e caiaque. Também sugeriram a possibilidade de um prédio hospitalar desativado se transformar em um centro de observação da vida selvagem.

As mulheres propuseram que o despertar de um senso de biofilia cultivado desde a infância pode ajudar a prevenir comportamentos disruptivos durante a adolescência e o ímpeto de controlar e explorar a natureza na idade adulta. Ao longo dos anos, educadores têm sugerido que os valores das crianças se formam nos primeiros anos de vida. O acesso a natureza é parte integral do método Montessori de educação, proporcionando às crianças oportunidades de desenvolvimento que a permanência em ambientes fechados simplesmente não pode reproduzir.[95] Maria Montessori acreditava que as crianças têm um amor inato pela natureza, uma idéia que o psicólogo do desenvolvimento Jean Piaget endossou ao sugerir a predisposição delas para explorar e formar laços com o mundo natural dadas as oportunidades e o estímulo adequados.[96]

Uma variedade de espaços verdes e azuis disponíveis na cidade pode oferecer salas de aula inspiradoras tanto para a educação formal quanto informal. Observar padrões na natureza, cultivar vegetais, colher frutas, escalar colinas, subir em árvores, se esconder em lugares selvagens — os anos formativos da juventude atual, crescendo em ambientes urbanos, podem formar adultos com maior intimidade e respeito pelo mundo vivo. Ao aprender com e na natureza — em vez de apenas sobre a natureza — as crianças podem transcender os limites culturais antropocêntricos em que nasceram, crescendo como parte dos sistemas integrados que sustentam suas vidas e todas as formas de vida no nosso planeta.

Não se trata apenas de paisagismo ou de aumentar o acesso aos parques existentes. As mulheres defenderam um papel mais proeminente para a natureza no design urbano como melhorar a conexão entre os pequenos espaços verdes ao redor da cidade e o centro. Para alcançar esse resultado, as cidades podem considerar aumentar a quantidade e a diversidade de árvores, instalar mais jardineiras, integrar mais jardins de chuva nas ruas e, consequentemente, oferecer corredores mais conectados e atraentes para polinizadores, pássaros e amantes da natureza. Ao criar artérias verdes vibrantes percorrendo nossas cidades, podemos posicionar a biofilia no coração do urbanismo do século XXI.

32 | *E se as Mulheres Projetassem a Cidade*

Ponto de Alavancagem 2 – Desenvolvendo espaços para encontros e pertencimento

Em uma sociedade igualitária, os espaços públicos devem ser igualmente acessíveis e desfrutados por todos os moradores, independentemente de suas diversas identidades, culturas, habilidades físicas e mentais e faixas etárias. Um tema recorrente que emergiu ao longo das entrevistas itinerantes foi a percepção de que a profundidade e a saúde das relações entre indivíduos e grupos em um determinado território são proporcionais à disponibilidade de espaços para encontros. Uma participante sugeriu que, 'no passado, esse espaço era proporcionado pelas igrejas, mas a maioria das pessoas na nossa região não vai mais à igreja'.

> É intrigante como essa observação ressoou ao explorar o histórico Santuário de São Telmo na entrada de Triana, 'el barrio fino' na Grã Canária. Lá dentro, o ritmo compassado de poucos fiéis respondendo às orações noturnas em um recital pré-gravado por uma voz sacerdotal; enquanto do lado de fora, pessoas de todas as idades se reuniam em conversas animadas sob as árvores, em um coreto restaurado e ao redor de movimentados restaurantes.

Enquanto os espaços públicos verdes e azuis oferecem pontos de encontro durante o dia, restaurantes e cafés proporcionam oportunidades para se reunir em torno de comida e bebida ao longo do dia e da noite. Neste contexto, as mulheres entrevistadas destacaram a importância de espaços onde possam simplesmente estar juntas, em vez de consumir juntas ou mesmo individualmente. Assim, centros comunitários protegidos contra intempéries podem servir como o 'receptáculo' para a socialização (sem necessidade de consumo), acolhendo as vozes mais diversas e permitindo que o senso de lugar evolua.

O senso de lugar fala sobre relações significativas entre pessoas e locais específicos. Pode ser entendido como 'identidade de lugar', quando pessoas se definem como resultado de uma interação intensa com uma determinada localidade.[97][98] Também pode ser expresso como 'apego ao lugar', significando um vínculo emocional entre indivíduos e seu ambiente — um anseio pelo nosso lugar de pertencimento[99] — ou como 'dependência de lugar', sugerindo que uma pessoa ou grupo está ligado a um lugar específico por razões funcionais.[100]

> Pare um momento e reflita sobre um espaço público onde você se sente mais à vontade. Um lugar onde você se sente viva e você mesma. O que esse lugar significa para você? Agora explore o que define seu relacionamento com ele. Quão fortemente você se identifica com esse lugar? É um lugar onde uma constelação de relações sociais evoluiu ao longo do tempo, e que talvez você se sinta triste ao estar distante dele? Ou talvez esse lugar seja único em atender suas necessidades diárias. Talvez uma combinação de fatores?

O senso de lugar necessita de um local ou estrutura física para que os encontros aconteçam, onde o desejo de pertencimento possa se materializar sem a necessidade de gastar dinheiro para socializar. O desenvolvimento de espaços acessíveis e democráticos para encontros oferece uma infraestrutura que fortalece os laços comunitários e nutre o senso de lugar. De acordo com as participantes da minha pesquisa, esses centros comunitários vibrantes de uso misto e geridos pela própria comunidade podem ser criados por meio da cooperação entre os setores público e privado juntamente com os moradores, todos mobilizando recursos para garantir sua longevidade.

'Desenvolvendo espaços para encontro e pertencimento' é um ponto de alavancagem da categoria *Poder para acrescentar, mudar e evoluir a estrutura do sistema*. Está fundamentado no fato de que a vida de muitas mulheres é vivida localmente, e cria o 'receptáculo' espacial para o aprofundamento das experiências cotidianas de toda a comunidade. Falando sobre isso, uma idosa da associação de moradores de Fairfield, em Perth, destacou a importância de seu centro comunitário, bem como o impacto de sua perda: 'Aqui em Fairfield costumávamos ir ao nosso centro às terças e quartas-feiras. Tínhamos danças, velórios, festas de Natal e um bom espírito de comunidade. Desde a sua demolição, nos recolhemos em nossas próprias casas'.

O vácuo deixado pelo fechamento implacável de espaços sociais em conjuntos habitacionais no Reino Unido foi preenchido por agências não governamentais, que atuam supostamente como uma 'rede de segurança' ao oferecer 'programas' que muitas vezes não refletem as necessidades genuínas dos moradores. Portanto, não contribuem efetivamente para o senso de pertencimento da comunidade. Nesse sentido, uma entrevistada de Wester Hailes questionou os tipos de atividades promovidas pelas agências locais: 'Precisamos mesmo de um grupo de percussão nesta comunidade?'.

A socialização ao ar livre aumentou durante a pandemia de Covid-19. Neste contexto, as mulheres compartilharam conceitos de design de diferentes estruturas que podem servir como abrigos externos para encontros locais, como a readaptação de coretos desativados e estruturas do tipo gazebo. Essas estruturas podem proteger do calor e agregar no mau tempo, oferecendo espaço confortável e convidativo e atraindo pessoas da periferia ao centro dos espaços públicos.

Sobre os arranjos de assentos nesses espaços públicos, uma mulher sugeriu: 'Alguns dos bancos deveriam ser posicionados de forma a mostrar que você está aberta para que outras pessoas se sentem e interajam'. Embora a ideia de bancos 'sociáveis' não seja uma novidade, raramente são implementados em espaços públicos. Na verdade, segundo uma das mulheres com quem conversei, esses bancos 'podem reduzir o isolamento daqueles que vivem sozinhos promovendo conversas sem serem intrusivos'. Isso pode parecer trivial mas, para muitas mulheres, a qualidade e o posicionamento dos bancos podem transformar assentos solitários em espaços sociais, aumentando o senso de pertencimento e a confiança no espaço público.

Ponto de Alavancagem 3 – Projetando extensões urbanas enquanto o todo evolui

Extensões urbanas se referem a novos bairros planejados na periferia de áreas já urbanizadas.[101] Em minhas entrevistas, várias mulheres enfatizaram a importância de ir além da mentalidade de 'empreendimentos habituais' para promover um senso de comunidade ao projetar essas extensões urbanas.

Primeiramente, para evitar disputas territoriais por serviços, novos empreendimentos devem construir suas próprias infraestruturas, como telecomunicações, gestão de resíduos, abastecimento de água, efluentes, gerenciamento de risco de inundações e erosão costeiras, integrados ao planejamento urbano e regional mais amplos. Em segundo lugar, os empreendimentos precisam prever instalações e amenidades como centros de saúde, educação e lazer, que contribuam para que novos e antigos moradores possam desfrutar, viver bem e prosperar em sua área.

Esse é o caso do bairro Aspern Seestadt, localizado na periferia de Viena e considerado um dos maiores empreendimentos urbanos da Europa com uma 'face feminina'.[102] Incorporando um conceito de design urbano de uso misto, Seestadt é tanto um bairro residencial quanto um centro de negócios, com cerca de 50% da área reservada para espaços verdes, incluindo a Promenade Janis Joplin que circunda o lago central. Um estudo em Viena revelou que 4.269 ruas homenageiam a vida de homens, enquanto 356 ruas têm nomes de mulheres.[103] Ao receber nomes de grandes mulheres — Hannah Arendt, Simone de Beauvoir, Wangari Maathai — as ruas e praças de Seestadt estão ajudando a reduzir esta disparidade. O bairro combina um centro de negócios, ciência, pesquisa e educação, com uma escola primária e um jardim de infância focado na integração de crianças com necessidades especiais. Todos esses estabelecimentos reduzem a ênfase no deslocamento diário e criam condições para a localização da vida cotidiana. Com o bem-estar no coração do distrito, médicos de família, clínicas especializadas, terapeutas e farmacêuticos oferecem cuidados de saúde à comunidade na própria comunidade.

O que Portobello em Edimburgo pode aprender com Seestadt? À medida que sua popularidade aumenta, a pressão para Portobello se expandir também aumenta em direção à incorporação de terrenos adjacentes em áreas industriais e comerciais. As mulheres discutiram a necessidade de evitar uma abordagem do tipo 'empreendimento habitual' para a potencial extensão do bairro. Primeiro, elas acreditam que os empreendedores devem ouvir as perspectivas das mulheres e entrelaçar as sutilezas das áreas para expandir o senso de comunidade. Isso poder ser feito ao garantir que os materiais e métodos de construção demonstrem uma conexão com a história e a cultura locais.

Como uma demonstração clara do ponto de alavancagem da categoria *Poder para acrescentar, mudar e evoluir a estrutura do sistema,* as mulheres sugeriram tornar as fronteiras entre as áreas mais fluídas e permeáveis. Isso poderia ser feito criando caminhos sinuosos que conectem prédios, atravessem e circulem pela vegetação e passem por iluminação inteligente, permitindo que os novos residentes sintam que ainda estão dentro de Portobello. Elas também propuseram que os serviços evoluam de forma abrangente, incluindo um sistema completo de reciclagem e serviços ampliados na praia, com banheiros acessíveis e regularmente limpos, cabanas e chuveiros, beneficiando o novo empreendimento e o bairro icônico original.

Yorkhill & Kelvingrove, no West-End de Glasgow, é conhecido por seus famosos hospitais. Quando o Hospital Infantil foi transferido para Yorkhill em 1914, isso ocorreu em um contexto de condições de vida insalubres, com crianças sendo criadas em cortiços superlotados, e uma taxa de mortalidade infantil entre as mais altas da Europa.[104] Cinquenta anos depois, o Hospital Maternidade Queen's Mother foi inaugurado em um terreno adjacente ao Hospital Infantil, estabelecendo um centro nacional para cuidados obstetrícios e pediátricos integrados.[105] Durante a minha pesquisa, conversei com várias enfermeiras que se mudaram para a região na década de 1970, para trabalhar no conjunto hospitalar, que na época era conhecido como o Hospital da Mãe e da Criança. Uma participante destacou como o estabelecimento do hospital levou à transformação da área de um bairro operário para um bairro de classe média, evidenciado pelo número de enfermeiras residindo nas proximidades.

Atualmente, com o aumento significativo de visitantes, o crescimento na construção de acomodações para estudantes e a vitalidade de negócios locais, Yorkhill & Kelvingrove está se tornando um dos bairros mais desejados para se viver em Glasgow. Por um lado, os empreendedores querem construir o maior número possível de apartamentos de um quarto para atender e expandir a demanda do mercado. Por outro lado, o processo de deslocamento das classes mais baixas está substituindo residentes e inquilinos de longa data por novos moradores mais afluentes, atraídos pela identidade *hipster* do lugar e pela oferta de galerias de arte, parques, lojas independentes e arquitetura tradicional.

Aquelas que se opõem a esse processo de gentrificação defendem a criação de empreendimentos de coabitação e a permanência dos antigos moradores e famílias, fortalecendo a experiência coletiva de pertencimento e a preservação da identidade comunitária. Em casos onde o redesenvolvimento é praticamente inevitável — como os planos para novos prédios no local do antigo hospital — as mulheres que entrevistei defenderam a preservação do caráter local e da autenticidade arquitetônica. Elas sugeriram alcançar isto garantindo consistência arquitetônica em termos de estilo, materiais e métodos de construção entre edifícios do passado e as futuras construções.

Em resumo, este ponto de alavancagem pode informar um manual de 'como fazer' extensões urbanas para empreendedores através do olhar das mulheres buscando:

1- criar fronteiras mais dinâmicas e permeáveis entre áreas;

2- projetar de forma que a área original também evolua e seja beneficiada pelo (re)desenvolvimento;

3- planejar amenidades e instalações adequadas para evitar trazer estresse adicional à área original;

4- assegurar que os materiais e métodos de construção sejam coerentes com a cultura, memória e história;

5- promover rotas de transporte ativo para conectar as áreas e melhorar o senso de pertencimento comunitário;

6- atribuir nomes femininos para novas ruas — afinal, a maioria das ruas tem nomes de homens. Por que não usar as novas ruas como uma oportunidade para equilibrar essa desigualdade?

Ponto de Alavancagem 4 – Mudando uma mentalidade de manutenção para uma atitude de cuidado

Mudar de uma mentalidade de manutenção para uma atitude de cuidado é um ponto de alavancagem da categoria *Objetivos do sistema*, proposto pelas mulheres que viram nessa mudança um grande potencial para lidar com o nível de entropia de suas cidades e bairros. A cientista política Joan Tronto define cuidado como 'tudo que devemos fazer para manter, dar continuidade e consertar o "nosso mundo", para que possamos viver nele da melhor maneira possível. Este mundo inclui nossos corpos, nós mesmos e nosso ambiente — tudo que entrelaçamos em uma teia complexa que sustenta a vida'.[106]

No Reino Unido, problemas com a manutenção e conservação de espaços verdes urbanos são mais prováveis de ocorrer em comunidades de periferia do que em áreas afluentes.[107] Infelizmente, cortes de orçamento e discriminação espacial avançam de mãos dadas, com mulheres relatando altos níveis de negligência nos espaços verdes de Wester Hailes e Drumchapel. Mesmo assim, elas enxergaram o potencial de uma cultura de alianças entre autoridades locais, associações de moradores e comunidades, com a tarefa de cuidar do espaço público, beneficiando a qualidade de vida de todos.

No conjunto habitacional de Drumchapel, mulheres que experimentam um declínio constante na qualidade do seu ambiente construído aludiram ao potencial de cuidar do que já existe ali. Elas foram categóricas quanto à necessidade de renovar sua relação com o espírito do lugar, ausente desde que os urbanistas dos anos 1960 projetaram a área. Enfrentando uma nova onda de regeneração inspirada pelo modelo do 'bairro de 20 minutos', elas aspiram transformar seus espaços públicos, considerados pouco atraentes e convidativos, em lugares revitalizados para interação social. Elas querem transformar seus ambientes desolados em um mosaico de projetos comunitários liderados por pessoas que se importam com as coisas — não porque elas produzem valor, mas porque já são valorizadas pela comunidade.

Uma mulher de Wester Hailes falou sobre a 'estratégia do asfalto', adotada pelos responsáveis pela 'manutenção' de áreas de recreação e espaços verdes: 'Houve um período em que, cada vez que você virava as costas, eles asfaltavam mais um pedaço'. O raciocínio por trás disso era o de que 'o asfalto deixa tudo mais arrumado e melhor ao lidar com arbustos que crescem descontroladamente'. As mulheres brincaram que 'a Prefeitura decidiu que a melhor maneira de cuidar do espaço verde é não ter nenhum'. Fotos da gênese de Wester Hailes publicadas no legendário jornal de ativismo comunitário *The Sentinel* mostram a área dominada por grandes blocos de apartamentos separados por extensas áreas de concreto e asfalto. Ao longo dos anos, a estratégia do asfalto continua a predominar.

> Uma palavra de alerta!
> Nesta discussão, é importante garantir que a responsabilidade de melhorar os bairros não recaia apenas sobre as mulheres por conta dos estereótipos de gênero, que frequentemente as limitam ao papel heroico de cuidadoras. Assim, a distribuição dessas responsabilidades deve ser intencionalmente ampla e equitativa, envolvendo ativamente todos os stakeholders nas discussões e na busca de novas linhas de trabalho. Isso ajuda a evitar que a responsabilidade pelo cuidado recaia exclusivamente sobre elas.

A manutenção ineficiente transmite uma mensagem simples, mas bastante clara: 'nós não nos importamos'. É assim que algumas mulheres percebem a carência de serviços de coleta de lixo nas redondezas de Yorkhill & Kelvingrove. Um grupo de mulheres que frequenta o templo Om Hindu Mandir declarou que as lixeiras na esquina do local chegam a transbordar constantemente, impactando negativamente a sensação de bem-estar no seu lugar de culto. Essas mulheres foram enfáticas sobre a necessidade de se repensar a questão do descarte e coleta de lixo nas ruas. Mas o que pode ser feito?

Enquanto a manutenção se concentra em gerenciar o que já existe do ponto de vista operacional, o cuidado, como discutido pelas mulheres, está preocupado com a melhoria dos sistemas através de meios relacionais. Um Departamento de Cuidado em um município poderia, por exemplo, investigar maneiras de implementar melhorias urbanas com os recursos compartilhados disponíveis. Os moradores seriam partes integrantes de discussões e decisões para otimizar recursos — especialmente ao utilizar mão de obra e materiais locais, reduzindo a dependência de produtos baseados em combustíveis fósseis e de longas cadeias de suprimentos.

> Desde sua criação em 2005, a cooperativa Col·lectiu Punt 6 de arquitetas, sociólogas e urbanistas de Barcelona tem promovido a noção de 'cidade cuidadora' – onde o cuidado das pessoas está no centro das decisões de planejamento, sem colocar as mulheres exclusivamente no papel de cuidadoras. Em vez disso, elas propõem que o cuidado deve ser uma responsabilidade coletiva. Elas preferem o termo 'cidade cuidadora' ao conceito de cidades inclusivas, que reafirma a existência permanente do outro que precisa ser incluído.[108 109]

Se o objetivo do sistema (da sua cidade) é encontrar novas formas de lidar com a desintegração do tecido urbano, uma série de mecanismos facilitadores pode ser implementada, como a distribuição de responsabilidades de cuidado, a remoção de burocracias desnecessárias e alocação participativa de recursos. As mulheres acreditam que o conceito de 'cuidado' precisa ser nutrido e democratizado, envolvendo os moradores nas discussões sobre como otimizar sua aplicação em parceria com as autoridades locais, em seu papel de apoiar, estruturar e sinergizar o processo. Este ponto de alavancagem destaca o potencial que o ato de cuidar e ser cuidado pode desempenhar na reparabilidade do nosso mundo quebrado. Afinal, como observou a escritora e consultora de gestão norte-americana Margaret J Wheatley: 'Não há poder para mudança maior do que uma comunidade que descobre aquilo que valoriza'.[110]

Ponto de Alavancagem 5 – Redistribuindo o uso do solo e orçamento para a feminização de espaços verdes

  A ecofeminista e ativista pela soberania alimentar indiana Vandana Shiva afirma que criamos o contexto com aquilo que medimos.[111] Este ponto de alavancagem se enquadra na categoria *Regras do Sistema* via *Parâmetros*. Surge da observação de que, tradicionalmente, os esportes competitivos masculinos dominam a alocação de terras em espaços verdes, quando comparados com áreas dedicadas a atividades não competitivas. Em outras palavras, as oportunidades esportivas não são um campo de jogo nivelado.

No processo da coleta de dados da minha pesquisa, as participantes declararam que o futuro depende da cooperação entre tomadores de decisões e comunidades. Cooperação, neste contexto, se refere a projetos que visam aumentar em vez de limitar as opções para mulheres, meninas e crianças nos espaços verdes. Isso inclui uma abordagem de design que apoie grupos menos confiantes — meninas jovens, pessoas com problemas de saúde ou deficiências e idosos — a reivindicarem suas áreas verdes. Por exemplo, uma participante idosa relatou que 'subir ou descer o caminho do parque empurrando a cadeira de rodas do meu falecido marido era um pesadelo e muito perigoso', já que a encosta íngreme e escorregadia em dias chuvosos não permitia mudança gradual de direção. Ela entendeu que isso tinha a ver com corte de orçamentos, já que instalar caminhos retos é mais barato do que os sinuosos.

Se as mulheres projetassem a cidade, crianças e jovens seriam consultados no planejamento e redesenho de espaços verdes, especialmente as meninas, para se tornarem usuárias regulares dos parques. Isso tem sido feito com êxito em Umeå, Suécia, reconhecida como uma cidade-modelo em planejamento urbano e mobilidade com perspectiva de gênero.[112] Umeå promove a colaboração entre o município e grupos de meninas, resultando em uma paisagem com perspectiva de gênero exemplar, que as incentiva a ocuparem o espaço público com confiança.[113] A prática de planejamento da cidade demonstra o conceito de mutualismo coevolutivo em ação, onde as meninas dão forma à cidade, enquanto a cidade apoia sua liberdade de movimento, socialização e expressão.

> A participação é suficiente? Não, segundo Donnella Meadows, que sugere que, ao se tentar entender as falhas do sistema, é essencial prestar atenção nas regras e em quem tem poder sobre elas.[114]

Para garantir uma distribuição mais equitativa dos espaços públicos verdes, é necessário que aqueles que detêm o poder no governo local meçam a área destinada aos esportes dominados por homens, e formulem políticas e diretrizes de planejamento que corrijam os desequilíbrios de gênero no uso desses espaços.

Diretrizes de planejamento podem promover a combinação de subzonas de menor e maior escala nos espaços verdes, equilibrando múltiplos usuários e usos. Nesta perspectiva, gerações mais velhas devem ser alocadas em espaços protegidos e sombreados com eixos visuais para zonas mais animadas de espaços verdes, fortalecendo vínculos de pertencimento e realçando seu senso de autoestima. Esta abordagem foi implementada no Rudolf-Bednar-Park em Viena, que desenhou zonas tranquilas, zonas esportivas, áreas para brincar e se exercitar levando em consideração todas as faixas etárias e conectando as subzonas através de uma rede de trilhas e rotas circulares.[115]

Ainda sobre o ponto de alavancagem para transformar a distribuição desigual de espaço verde, é necessário alocar linhas do orçamento para ampliar os repertórios de atividades que atendam às necessidades de mulheres e meninas. Isso tem sido realizado efetivamente em Lyon — a maior cidade da França a implementar um orçamento sensível ao gênero — assegurando, por exemplo, que clubes esportivos femininos recebam tantos subsídios quanto os masculinos.[116] Autoridades em Lyon veem o orçamento sensível de gênero como um instrumento de transformação das desigualdades sociais — uma lacuna que se tornou ainda mais pronunciada desde a pandemia de Covid-19. De fato, há uma revolução de orçamentos com perspectiva de gênero se espalhando por cidades europeias. Conhecido como *Budget-Genré* na França e

Presupuesto con Enfoque de Género (PEG) na Espanha, estes orçamentos adotam princípios de igualdade de gênero como base para a tomada de decisões em todas as fases do ciclo orçamentário.

> A Espanha vem utilizando o orçamento com perspectiva de gênero em seus orçamentos administrativos nacionais e subnacionais desde 2007. A administração do Governo Regional da Andaluzia, por exemplo, desenvolveu e implementou uma metodologia específica – o Programa G+ – para classificar todos os programas quanto ao seu grau de impacto nas questões de gênero.[117] Até o momento, o Programa G+ viu uma expansão dos serviços extracurriculares para crianças, um aumento na posse de propriedades agrícolas por mulheres, um maior foco no combate à violência contra mulheres e um aumento no número de professoras universitárias de 13% em 2008 para 20% em 2015.

O ex-presidente norte-americano Barak Obama afirmou que 'um orçamento é mais do que apenas uma série de números em uma página — é a representação dos nossos valores'.[118] A metodologia do orçamento participativo inventada em Porto Alegre, e desde então adotada em muitas cidades ao redor do mundo,[119] é uma manifestação genuína de engajamento cidadão, priorizando o que é necessário e significativo a nível local. Para tornar os espaços verdes igualmente convidativos e utilizados pelas mulheres e meninas, é necessário desafiar as regras do sistema e aqueles que as controlam. Podemos fazer isso medindo a extensão de terra dedicada a esportes competitivos e corrigindo as desigualdades encontradas. Ao instituir orçamentos que reflitam valores de gênero, ampliamos o espaço e os repertórios de atividades físicas disponíveis para mulheres e meninas, promovendo a feminização do espaço publico.

E se as Mulheres Projetassem a Cidade | 45

Ponto de Alavancagem 6 – Criando condições para a vida silvestre

  Como aumentar a proporção de terra destinada a uma condição mais selvagem e menos cultivada (ponto de alavancagem da categoria *Parâmetros*), e a aceitação do direito da vida silvestre de evoluir e se diversificar (ponto de alavancagem da categoria *Poder para acrescentar, mudar, evoluir ou auto-organizar o sistema*), foi um tema recorrente nas minhas entrevistas.

A renaturalização (*rewilding*) urbana é uma noção contestada, frequentemente associada à restauração científica de ecossistemas autorreguláveis e a uma transformação nas relações entre humanos e a natureza.[120] Entretanto, a dicotomia humano-natureza é uma construção ocidental que leva a relações estreitamente utilitárias e exploratórias de outras espécies, contribuindo para a VI Extinção em Massa da Terra.[121] Para muitas comunidades dos povos originários do Brasil, o conceito de separação entre humano e natureza não existe. Por exemplo, enquanto meninas Yanomami conseguem recitar mais de 200 nomes de plantas encontradas em seu lar amazônico,[122] uma menina criada em Londres talvez precise visitar diversas vezes o Jardim Botânico Real de Kew Gardens para experimentar tal diversidade de flora e desenvolver seu conhecimento botânico.

Incentivando tal ecoliteracia, uma participante de Portobello, em Edimburgo, compartilhou sua experiência de criar túneis de salgueiro e plantar flores silvestres com crianças no Figgate Park. Outra participante sugeriu o cultivo de prados e pomares, gerando frutas, pólens e néctares, não apenas para humanos, mas para pássaros, abelhas e outros insetos — permitindo que algumas áreas se autorrejuvenesçam naturalmente

> Originalmente a cidadela de Lille, projetada por Vauban nos anos 1660, foi construída para usar a água e a lama do pântano como defesa natural para dificultar as condições de qualquer força invasora que quisesse sitiar o local.[123] Através de um sistema de tra-

vas e comportas, 1.700 hectares ao redor da cidadela poderiam ser inundados com uma profundidade de 55 cm. Hoje o parque de 110 hectares que circunda a fortaleza erguida sobre o pântano na junção dos rios Deûle e Bucquet é um excelente exemplo de uma paisagem autossustentável. Quando os carvalhos, choupos e faias centenários perecem, eles são deixados em decomposição no local ou empilhados com várias cavidades para servir de abrigo para ouriços, doninhas, raposas e muitas outras *petites bêtes*. Ovelhas pastam nas encostas das fortificações, mantendo a vegetação aparada naturalmente e eliminando a necessidade de podas com equipamentos motorizados. Não muito longe de Lille, em Valenciennes, as autoridades foram notificadas de um 'enorme felino' que rondava a área à noite.[124] Enquanto eu caminhava pelo parque da cidadela, dependendo de como os ventos sopravam, meu olfato captava a presença de *bêtes,* tanto *petites* quanto *grandes*. Isso sim é renaturalização urbana.

Na Escócia, um grupo de voluntários e observadores da vida selvagem de Yorkhill Green Spaces[125] em Glasgow tem melhorado os prados de flores silvestres de Yorkhill Park, repovoando os espaços verdes do West End com insetos e compilando um inventário da biodiversidade que abrange 1.174 espécies (categoria *Parâmetros*). O grupo composto de voluntários e estudantes planta bulbos no outono e flores silvestres na primavera, coevoluindo um habitat para polinizadores. Na mesma área, outra iniciativa oferece um ambiente de aprendizado, para que crianças possam explorar lugares escondidos às margens do ambiente construído e das linhas de trem abandonadas. Uma entrevistada descreveu 'um parque muito escuro e sombrio' revitalizado pela própria comunidade que, subsequentemente, se tornou usuária, cuidadora e incentivadora da biodiversidade. Muitas pessoas que moravam na área não sabiam sequer que o parque existia até ser revitalizado.

O potencial de integração dos conceitos de renaturalização e bairros de 20 minutos (Ponto de Alavancagem 24) é imenso. Da coevolução de paisagens urbanas comestíveis e habitats para a vida silvestre ao aprimoramento dos corredores verdes para conectar fragmentos de habitat dentro e entre bairros, essas práticas podem incentivar um senso de mutualismo coevolutivo com o mundo natural. A renaturalização dos bairros de 20 minutos também pode reduzir os custos da gestão de espaços verdes como corte de grama, controle de ervas daninhas e aplicação de pesticidas. Além disso, os espaços verdes podem ser eficientemente estimulados a reter e distribuir melhor o excesso de água da chuva, reduzir a poluição do ar e sequestrar carbono, tornando as áreas mais resilientes durante enchentes e ondas de calor.

Em uma cultura de serviços públicos departamentalizados, a renaturalização urbana pode constituir uma importante área temática a ser compartilhada entre setores municipais. Isso poderia ocorrer sob o guarda-chuva de um comitê transversal chamado 'Renaturalização dos Bairros de 20 minutos', encarregado de criar condições para que a vida silvestre prospere, a diversidade das espécies no ambiente urbano evolua em vez de estagnar ou declinar, e a interconexão entre os humanos e nossas espécies companheiras possa ser vivenciada por todos e para todos.

Ponto de Alavancagem 7 – Constituindo uma coleção de selins de bicicleta

Pedalar leva você mais longe, mais depressa e de maneira mais saudável. No entanto, no Reino Unido, Estados Unidos e Canadá, o deslocamento em duas rodas é predominantemente masculino.[126] Na verdade, apenas 11% das mulheres no Reino Unido andam de bicicleta pelo menos uma vez por semana, comparados a 23% dos homens.[127] Pesquisas têm enfatizado continuamente que isso se deve principalmente à falta de infraestrutura de proteção, deixando as mulheres inseguras ao pedalar.[128] [129]

Este ponto de alavancagem não se refere a fatores de infraestrutura como a melhoria da iluminação da cidade e a implementação de ciclovias segregadas, nem sequer aos fatores culturais que depositam nas mulheres expectativas de chegar no trabalho 'devidamente vestidas'. Ao contrário — e talvez de maneira surpreendente para muitas — trata-se de promover debates e conscientização sobre as implicações para a saúde que selins inadequados e bicicletas mal ajustadas podem exercer nos corpos das mulheres, particularmente na região da vulva.

Como as mulheres costumam ter quadris mais largos, ossos ísquios e corpos menores, elas geralmente se beneficiam de selins mais largos, que evitam lesões causadas pela pressão localizada na parte frontal da área genital.[130] O tecido delicado do períneo não é estruturado para suportar peso, especialmente quando inclinadas para assumir a posição de ciclista.[131] Sobre isto, uma participante recomendou que as lojas de bicicletas, academias, clubes de ciclismo, ou até mesmo oficinas comunitárias constituíssem uma coleção de selins feitos para mulheres, cujo design corresponda à anatomia feminina, tornando a experiência de pedalar mais confortável.

Como andar de bicicleta pode se tornar mais seguro para todas as mulheres? As participantes da minha pesquisa argumentaram que as opções não deveriam se limitar a bicicletas: 'Triciclos podem ser realmente bons para mulheres que se preocupam em cair enquanto transportam suas compras semanais, crianças ou até mesmo o cachorro'.

A conscientização sobre possíveis lesões, e a promoção de uma cultura de ciclismo confortável para mulheres e meninas, precisam começar 'quando se é muito jovem para que sua confiança aumente à medida que se torna mais velha'. Uma participante escandinava, que nunca teve carro e cujos pais nunca lhe deram carona para a escola, festas ou atividades extracurriculares, argumentou que 'o ciclismo deve começar nas escolas. É uma questão social mais do que de infraestrutura'.

Encontrar o selim certo que se ajuste ao seu corpo e suporte seu peso deve ser uma prioridade para todas as ciclistas, independente da idade, seja para deslocamentos longos ou passeios de lazer. Este ponto de alavancagem visa superar o que a autora de *Mulheres Invisíveis*, Caroline Criado Perez, descreve como 'pensamento padrão masculino' [132], que parece influenciar as decisões dos designers de bicicletas e triciclos. Selins ergonomicamente apropriados devem acomodar as diversas anatomias das mulheres e estar disponíveis em lojas em todos os lugares, refletindo um design sensível ao gênero. Como um ponto de alavancagem da categoria *Fluxo de informação*, mensagens poéticas como este haicai devem motivar designers, vendedores e usuárias a promover uma cultura de mulheres ciclistas nas cidades, onde elas são protagonistas do transporte ativo:

> *Ela pedala,*
> *tranquila no selim,*
> *vento favorável.*

Ponto de Alavancagem 8 – Cultivando e coletando para saúde e bem-estar

 Cada vez mais nossos alimentos e remédios são transportados de um lado para outro do globo. Supermercados do Norte Global tendem a ser abastecidos com frutas e verduras de todos os cantos da Terra. Lojas de alimentos saudáveis são abastecidas com 'superalimentos' provenientes de ecossistemas ameaçados, e frequentemente nos são oferecidas espécies em sério risco de extinção tal como a *Arnica montana,* vendida como bálsamo para contusões e dores musculares, que está em declínio tanto em qualidade quanto em tamanho de área nas pradarias nativas da Europa Central.[133]

Para a Organização das Nações Unidas para Alimentação e Agricultura (FAO), a globalização dos sistemas alimentares, com a distribuição de alimentos altamente processados ricos em calorias e pobres em nutrição, tem provocado um impacto negativo mundial na segurança alimentar, saúde e bem-estar geral.[134] Este ponto de alavancagem descreve o papel das mulheres na localização dos sistemas alimentares por meio de práticas regenerativas. Inclui o poder de evoluir sistemas alimentares em ambientes urbanos reduzindo a distância do transporte de alimentos e descolonizando nossos pratos. Isso remete às palavras do líder indígena Davi Kopenawa Yanomami do Brasil,[135] que certa vez afirmou: 'Se eu comer a comida dos brancos, terei sonhos de vaqueiro'.

As mulheres que entrevistei para a minha pesquisa falaram sobre restabelecer a conexão com sua paisagem, história e as maneiras locais de cultivar plantas e ervas que crescem em suas localidades. A tradição britânica das hortas urbanas (*allotments*) tem suas raízes no período da industrialização no século XIX, quando lotes de terra foram alocados pelas autoridades locais aos 'pobres' para que pudessem cultivar seus próprios alimentos. A cultura dos *allotments* cresceu e se consolidou durante o período das guerras mundiais.[136] Atualmente, nas cidades de Edimburgo, Perth e Londres, há uma espera entre sete e dez anos para se conseguir um lote.[137] As mulheres dessas cidades expressaram seu desejo de expandir as atividades de cultivo de alimentos para melhorar a saúde, a conectividade social, bem como reduzir a distância dos alimentos e o custo de vida.

Mulheres de Perth, por exemplo, sugeriram que a cidade, enraizada em sua tradição agrícola, deveria se projetar como referência de agricultura urbana que cuida do meio ambiente. Elas afirmaram que, como o 'veganismo e os estilos de vida saudáveis são uma tendencia e um mercado em crescimento, Perth tem o potencial para incentivar feiras de agricultores, hortas urbanas e veganismo em benefício da saúde e do bem-estar dos seus cidadãos'.

No contexto da alimentação saudável, uma moradora do conjunto habitacional modernista de Wester Hailes, em Edimburgo, mencionou que 'as pessoas nesta área gostam de hambúrgueres, pizzas, purê de batatas e coisas do tipo'. O estabelecimento de mais hortas comunitárias poderia ajudar os moradores a adotar uma alimentação mais saudável e a 'se livrar das refeições de micro-ondas enquanto saboreiam o que conseguem plantar'. Outra moradora de Wester Hailes reconheceu os benefícios sociais que a criação de novas hortas comunitárias traria para a área, uma vez que uniriam as pessoas e combateriam a realidade de que 'muita gente vive uma vida solitária'. As refeições comunitárias regulares, por exemplo, que utilizam as verduras do Murrayburn & Hailes Neighbourhood Garden, atraem muitas pessoas que moram sozinhas e oferecem um lugar onde elas podem ir 'mesmo que não queiram conversar'. Uma participante de Wester Hailes destacou como as refeições comunitárias oferecidas nas hortas dos Edible Estates[138] são especialmente 'boas para pessoas que estão um pouco deprimidas'. Isso coincide com pesquisas que sugerem que, ao colocar as mãos na terra, uma bactéria específica do solo, *Mycobacterium vaccae*, desencadeia o fluxo do antidepressivo natural serotonina, o que pode ajudar as pessoas a se sentirem mais relaxadas e felizes.[139] [140] Isso é complementado por evidências convincentes de como o 'cuidado verde' — como a horticultura social e terapêutica e a conservação ambiental — é benéfico para pessoas com desafios de saúde mental, contribuindo para a redução dos níveis de ansiedade, estresse e depressão.[141]

Cuidadoras da Saúde Baseadas na Natureza
Várias mulheres narraram suas experiências de serem encaminhadas por seus médicos à Clínica de Fitoterapia Comunitária de Wester Hailes. A clínica oferece medicamentos gratuitos às pacientes, mas também as incentiva a cultivar as ervas para seu próprio consumo. Com o apoio da cooperativa de trabalhadoras Grass Roots Remedies,[142] uma rede de mulheres se reúne regularmente na horta comunitária Calders para trocar experiências além de plantar, coletar e fazer seus próprios remédios. Atualmente, há muitas hortas comunitárias na área com o potencial para o cultivo de mais ervas medicinais e, assim, beneficiando um número maior de famílias, especialmente aquelas sem acesso a jardins particulares.

Em muitas cidades ao redor do mundo, as mulheres desempenham um papel crucial na produção de alimentos, cultivando verduras em hortas e espaços urbanos vagos. Em bairros de Nova York existe um ecossistema vibrante de agricultoras urbanas, líderes de ONGs, nutricionistas e chefs comprometidas com a localização dos sistemas alimentares que possam atender os mais vulneráveis. Embora opções de alimentos saudáveis sejam frequentemente encontradas em áreas afluentes como o Upper East Side de Manhattan, onde muitos restaurantes cultivam suas próprias verduras utilizando sistemas aeropônicos em seus telhados, esta necessidade é especialmente relevante nos bairros de baixa renda dominados por restaurantes de *fast-food*. No Bronx, os residentes estão se unindo para estabelecer hortas comunitárias e encorajar o acesso a produtos frescos e livres de fertilizantes químicos que, de outra forma, teriam que buscar fora do bairro para encontrar.[143] Jovens mulheres de comunidades urbanas de agricultoras negras, indígenas e pessoas de cor (BIPOC) em Nova York acreditam que, 'assim como a moda, a agricultura também é política'.[144] Algumas delas fizeram cursos na Farm School NYC, que lhes fornece as ferramentas participativas necessárias para se tornarem líderes eficazes no movimento de justiça alimentar.[145]

Existem inúmeras maneiras de descrever a capacidade de um sistema de mudar e se reinventar. O papel vital das mulheres como agricultoras e coletoras tem sido amplamente negligenciado por autoridades municipais, urbanistas e empreendedores. Como consumidoras responsáveis, as mulheres acreditam que também devem, em alguma medida, ser produtoras responsáveis. Este ponto de alavancagem pode ser estimulado ao disponibilizar terrenos vagos para hortas comunitárias e cozinhas de ervas medicinais. Isso também pode ser alcançado por meio de medidas regulatórias, que vinculem a aprovação de novos empreendimentos à provisão de espaços para o cultivo de hortas, seja no próprio local ou nas proximidades. Nas cidades, cultivar e colher juntos fortalece os laços sociais, incentiva dietas mais diversificadas, reduz a distância que os alimentos percorrem e promove um cuidado comunitário mais abrangente com a saúde.

Ponto de Alavancagem 9 – Projetando playgrounds aventureiros para crianças e cuidadores

O artigo 31 da Convenção das Nações Unidas sobre os Direitos da Criança afirma: 'Toda criança tem o direito a descanso, lazer, brincadeira e à participação em atividades culturais e criativas'.[146] As mulheres com quem conversei se mostraram empenhadas na promoção da igualdade nos espaços recreativos de suas cidades, para que crianças de todas habilidades e contextos socioeconômicos possam acessar os equipamentos necessários para seu desenvolvimento.

Os equipamentos recreativos acessíveis variam consideravelmente entre diferentes bairros. Uma pequena vila, pode oferecer apenas um balanço com arnês, enquanto um grande parque urbano pode dispor de uma ampla gama de equipamentos como balanços, carrosséis e trampolins. Já equipamentos recreativos adaptados para crianças com necessidades especiais muitas vezes acabam sendo excludentes. Como refletiu a mãe de uma menina com deficiência: 'É aceitável por 5 minutos, mas, na verdade, você está amarrando uma criança em um balanço e, em seguida, isolando-a de todas as outras'. Ela continuou ponderando que o que sua filha realmente deseja é brincar com outras crianças nos trepa-trepas.

Para que essas áreas possam ser utilizadas de forma igualitária por crianças com diferentes níveis de habilidade, é essencial reavaliar o design dos equipamentos recreativos. Uma abordagem eficaz seria desenhar equipamentos semelhantes que ofereçam diferentes níveis de desafio e agrupar esses equipamentos de forma que crianças com diferentes habilidades possam participar da mesma atividade, interagindo e se divertindo próximas umas das outras.

Além disso, a proximidade entre diferentes áreas de recreação também pode promover a inclusão. Uma das mulheres entrevistadas elogiou a localização de um parque infantil ao lado do parque de skate em Kelvingrove, Glasgow, pois essa configuração permite que irmãos com idades diferentes brinquem na mesma área e cuidem uns dos outros. Segundo ela, essa proximidade deveria ser replicada em todas as cidades.

Pesquisas têm destacado a importância do brincar, que muitas vezes é negligenciado na vida adulta.[147] [148] [149] Uma mulher observou que, no Reino Unido, os adultos geralmente ficam do lado de fora das áreas de recreação, sentindo frio enquanto aguardam as crianças. No contexto do ponto de alavancagem da categoria *Poder para acrescentar, mudar, evoluir ou auto-organizar a estrutura do sistema*, ela sugeriu que esses espaços poderiam evoluir para incluir oportunidades de engajamento também para os cuidadores, inspirando-se nos parques infantis da Alemanha. Isso exigiria a instalação de infraestrutura adequada, como grandes trepa-trepas de madeira e cordas, que permitiriam aos cuidadores se envolver e brincar junto com as crianças.

> *'No final da década de 1970 e início dos anos 1980, uma série de estruturas de madeira (Adventure Playgrounds), carinhosamente apelidadas de Venchies, foram construídas pela comunidade de Wester Hailes para suprir a ausência de playgrounds na área. Os Venchies estavam, de muitas maneiras, à frente de seu tempo, já que hoje há um grande interesse por áreas de recreação que proporcionem brincadeiras não estruturadas com um certo grau de desafio. Infelizmente, eles tiveram vida curta, tornando-se inseguros devido à falta de recursos para manutenção e supervisão, e foram todos demolidos 10 anos depois.'[150]*

Várias mulheres expressaram preocupação com o fato de que os playgrounds são projetados para serem seguros demais, o que acaba comprometendo seu caráter aventureiro. Uma delas afirmou: 'Não tentem salvar nossas crianças, pois elas aprendem ao cometer erros'. Este sentimento é respaldado por estudos que mostram que crianças que desenvolvem habilidades motoras em playgrounds desde cedo são menos propensas a sofrer acidentes à medida que crescem.[151] [152] A ONG *Play England* apoia esta visão argumentando que, mesmo quando riscos são assumidos e ferimentos ocorrem, as experiências muitas vezes desempenham um papel positivo no desenvolvimento infantil.[153] O problema, segundo uma das mulheres, reside na mentalidade que influencia o design dos playgrounds, pois 'o planejamento das cidades é excessivamente orientado pela necessidade de segurança'.

Se queremos que nossas crianças estejam preparadas para enfrentar riscos, precisamos oferecer espaços onde elas possam exercitar a tomada de decisões e, ao fazê-lo, ganhar confiança para assumir a responsabilidade pelas consequências de suas escolhas. Este ponto de alavancagem refere-se à necessidade de evoluir os playgrounds tradicionais, que geralmente consistem em uma trilogia sanitizada de balanços, gangorras e escorregadores, para áreas recreativas que ofereçam experiências de brincadeiras mais diversificadas, criativas e enriquecedoras, adaptadas a diferentes habilidades e idades.

Esses espaços participativos permitem que cuidadores e crianças desfrutem juntos, incentivando a liberdade de movimento e promovendo o desenvolvimento físico, cognitivo e social. Trata-se também da criação de espaços onde todos possam brincar, promovendo uma cultura de brincadeira onde as crianças se engajam em aventuras para aprender sobre seus limites, possibilidades e interações sociais.

Ponto de Alavancagem 10 – Trabalhando com os homens para redistribuir poder, equilibrar a representação e transformar sistemas

Promover a segurança urbana está no cerne do ODS 11, que visa 'tornar as cidades inclusivas, seguras, resilientes e sustentáveis'- e, mais especificamente, no indicador ODS 11.7.2, que calcula 'a proporção de pessoas vítimas de assédio físico ou sexual por sexo, idade, status de deficiência e local de ocorrência'. De acordo com o repositório de metadados dos ODS das Nações Unidas, o indicador 11.7.2 é caracterizado como Nível II, o que significa que é conceitualmente claro, possui uma metodologia internacionalmente estabelecida e padrões disponíveis, mas os dados não são produzidos regularmente pelos países signatários.

A desagregação dos dados é importante porque o ato de contar as pessoas demonstra que elas importam. A ausência de dados desagregados evidencia que, em muitas cidades ao redor do mundo, planejadores e tomadores de decisão operam em um ambiente de ambiguidade, elaborando políticas públicas e alocando recursos para intervenções de segurança sem uma compreensão clara das necessidades, percepções e demandas de mulheres e meninas. Como superar esta lacuna?

Em primeiro lugar, precisamos alcançar um consenso *'glocal'** de que os direitos das mulheres são intrínsecos às estratégias de segurança. Ponderando sobre a cultura de assédio que se expressa através de 'observações e gestos sexualizados indesejados por estranhos do sexo masculino', uma mulher afirmou que as leis existentes são ineficazes, e que simplesmente introduzir novas leis não resolverá o problema, pois o sistema foi originalmente concebido por homens para seu próprio benefício. Para transformar o sistema, é necessário mudar a cultura, o que 'não se faz apenas ajustando a legislação — isso seria como colocar novos conteúdos em uma garrafa velha'.

---

* Um termo que combina as palavras 'global' e 'local' para enfatizar a interconexão dos contextos locais e globais, encorajando a adaptação de ideias e práticas globais a contextos locais.

O assédio sexual nas ruas é uma forma de comportamento que envolve atos destinados a degradar ou humilhar uma pessoa em um espaço público.[154] No Reino Unido, o assédio é tanto um crime quanto uma ação civil sob a Lei de Proteção contra o Assédio Ato 1997.[155] Em outras palavras, alguém pode ser processado em um tribunal criminal por assédio e, caso sejam assediadas, as mulheres também podem tomar providências na vara cível contra o ofensor. Várias mulheres, porém, questionaram a validade da lei como 'uma ferramenta incrivelmente cega', uma vez que coloca nas mulheres a responsabilidade de denunciar um comportamento que não deveria ter ocorrido em primeiro lugar. 'Legalmente, as coisas precisam mudar', afirmou uma mãe enquanto passeava com suas duas filhas em Edimburgo. Refletindo sobre as consequências do caminho da criminalização, ela continuou: 'Quando os ofensores deixam o sistema, eles ainda acreditam que não fizeram nada de errado e que foram vítimas do sistema judiciário'. É necessário promover uma mudança cultural que torne o comportamento misógino absolutamente inaceitável, em vez de impulsionar exclusivamente uma abordagem da criminalização. Isso significa desafiar estruturas que reforçam o privilégio masculino para redistribuir poder, equilibrar representação e garantir que o desprezo pelas experiências das mulheres seja restaurado nos sistemas legais e de planejamento urbano. Isso constitui um ponto de alavancagem da categoria *Objetivo do sistema* sob uma perspectiva de mutualismo coevolutivo, que intencionalmente evita um universo de soma zero, onde o ganho das mulheres representa uma perda para os homens.

Os papéis que mulheres e homens assumem na cidade precisam ser reequilibrados, até que elas deixem de ser vistas ou tratadas como 'o outro'.[156] As participantes da minha pesquisa descreveram uma visão de realidades urbanas onde as mulheres não seriam mais alvos de insinuações e abusos misóginos ao longo de suas vidas, da juventude à maturidade. Como afirmou uma delas: 'Estamos em uma jornada para as futuras gerações'.

Como avançar nesta jornada em termos práticos? Algumas mulheres estão motivadas a reconquistar as ruas em grupos, engajando-se em atividades noturnas, identificando lugares que parecem ameaçadores e tornando-os mais visíveis — uma estratégia bem sucedida com o trabalho transformador da METRAC.[157] Uma mulher destacou que, embora essas intervenções talvez não mudem a dinâmica dos lugares da noite para o dia, elas podem gerar novas narrativas que incentivem conversas mais substanciais e eficazes com os homens da região. Reforçando essa ideia, as mulheres reconheceram a necessidade de dialogar com os homens, tornando-os mais conscientes do impacto de seu comportamento, fazendo por exemplo perguntas provocativas como: 'E se aquela mulher fosse sua filha?' Outras sugeriram a criação de campanhas baseada na ideia de que 'assédio não é um elogio', até que todas as ruas em todas as cidades se tornem seguras para as mulheres e meninas, independente da hora do dia.

Ponto de Alavancagem 11 – Desenvolvendo confiança por meio de treinamentos de autodefesa

 Há uma diferença sutil entre a 'percepção de segurança', que se refere ao medo decorrente de julgamentos sobre a possibilidade de sofrer uma agressão ou uma perda, e a 'sensação de insegurança' que resulta da experiência direta de sofrer uma agressão. Para algumas mulheres, a percepção de segurança está ligada à confiança pessoal. Mulheres de diferentes cidades mencionaram uma força interior que as apoia a caminhar sem medo pelas ruas, afirmando: 'Eu cresci neste tipo de ambiente e entendo a cidade', ou 'Sou bastante firme, não me intimido facilmente'. Por ser 'uma pessoa muito confiante' ou saber 'como me manter segura', e evitar 'fazer bobagens como entrar em um beco escuro', as mulheres com quem caminhei descreveram como são capazes de reagir a encontros incomuns e tensos sem ceder ao nervosismo.

A autoconfiança é uma habilidade que pode ser desenvolvida e fortalecida ao longo do tempo e através das circunstâncias da vida. Isso foi amplamente demonstrado pelas mulheres que conheci nos conjuntos habitacionais em Edimburgo, Glasgow e Perth, que exibiram força mental, determinação e inventividade para lidar com questões de segurança em suas áreas. Ao longo das décadas, elas desenvolveram protocolos de sobrevivência, que vão desde treinamentos de defesa pessoal até estratégias sobre quando sair e onde ir.

As interações nas ruas de seus bairros podem ser intimidadoras. As mulheres descreveram encontros assustadores, especialmente com pessoas sob a influência de drogas, e como, nesses momentos, evitavam olhar para não atrair atenção, pois algumas podiam se tornar agressivas e de forma repentina e gritar: 'O que você está olhando?' Uma mulher falou sobre a presença de pessoas raivosas em sua comunidade, o que a fazia sentir-se insegura. Outra mencionou a violência que ocorre nas casas, com mulheres aparecendo com olhos roxos ou casais sob o efeito de drogas, onde o homem claramente domina sua parceira.

O potencial das mulheres para se tornarem quem desejam ser e se defender foi um tema recorrente nas conversas. Uma jovem argumentou que 'elas precisam estar prontas para uma briga!' Nesse contexto, o treinamento de defesa pessoal é visto como uma maneira de ampliar as opções delas para reconhecer, evitar e interromper a violência seja contra elas mesmas ou contra outras mulheres.[158] Isso pode ser promovido através da prática de técnicas simples de artes marciais adaptadas aos corpos e capacidades das mulheres, assim como pelo desenvolvimento de habilidades verbais, psicológicas e emocionais adequadas.[159]

O treinamento de defesa pessoal para mulheres tem sido criticado por não abordar os fatores subjacentes ao assédio e violência e por oferecer uma falsa sensação de segurança.[160] No entanto, para várias participantes da pesquisa, essas críticas não se confirmaram. Ao contrário de muitas recomendações de segurança que restringem a liberdade das mulheres, especialmente à noite, o treinamento de defesa pessoal aumentou a confiança delas para sair e ajudou a transformar o medo em ousadia. Uma das entrevistadas defendeu a necessidade de mais subsídios para aulas de autodefesa, sugerindo que essas aulas devem ocorrer regularmente com 'atualizações anuais ou semestrais'. Também foi proposta a inclusão de aulas de artes marciais mistas, como uma forma de capacitar as mulheres e, ao mesmo tempo, educar os homens sobre limites e respeito.

Também ouvi diversas vozes sugerindo que as comunidades precisam tratar a violência doméstica com mais seriedade, em vez de considerá-la um tabu social raramente discutido. Elas acreditam que deve haver mais incentivos para que as mulheres, particularmente aquelas de outros contextos culturais que podem não estar familiarizadas com as leis locais, entrem em contato com a polícia. Uma participante enfatizou que cada mulher deve conhecer seus direitos humanos à igualdade, dignidade e integridade física e agir prontamente sempre que sua vida ou sensação de segurança estiverem em risco. Para alcançar isso, seminários sobre direitos das mulheres e violência doméstica devem ser oferecidos sistematicamente em todas as regiões das cidades, com objetivo de informar, capacitar e proporcionar um entendimento aprofundado das diversas faces da violência.

Tanto o treinamento de autodefesa quanto os seminários sobre direitos das mulheres estão relacionados ao ponto de alavancagem da categoria *Fluxos de informação,* na medida em que funcionam como atividades de capacitação para desenvolver a confiança e a percepção de segurança delas. Aquelas que defendem este ponto de alavancagem estão alinhadas com a essência do poema épico de Anna Laetitia Barbauld, *The Rights of Woman*, escrito em 1793, que exorta: 'Sim, mulher ferida! Levante-se, afirme seu direito!'[161]

Ponto de Alavancagem 12 – Aprimorando a vigilância natural por meio do design

A vigilância natural se refere a um princípio básico: se potenciais infratores acreditam que podem ser vistos, é menos provável que cometam crimes. Assim, ela funciona como um desestímulo eficaz para quem cogita cometer um crime. A vigilância natural ocorre de duas maneiras. Primeiro, com a presença de transeuntes que desempenham o papel de 'olhos da rua'.[162] Também conhecida como 'vigilância passiva', segundo esta perspectiva, os lugares mais seguros nas cidades são aqueles sob observação constante de outras pessoas.[163] No entanto, vai aí uma palavra de cautela! Áreas com muita atividade também podem oferecer cobertura para criminosos se sentirem suficientemente protegidos pelo anonimato para agir – como é o caso dos batedores de carteira que operam na bela praça Sultanahmet, cercada pela Mesquita Azul, a Hagia Sophia e o Museu de Arte Turca e Islâmica em Istambul. E embora os 'olhos da rua' tenham sido destacados como uma das principais razões para a sensação de segurança, nem todas as mulheres os acham reconfortantes. Uma delas ressaltou: 'Eu não quero ser observada, mas quero estar segura'.

Nem todas as ruas oferecem a mesma sensação de segurança. A menos que você viva em Greenwich Village, em Nova York, ou em Le Marais, em Paris, onde os 'olhos da rua' tendem a estar presentes em cada quarteirão, os bairros geralmente apresentam um ecossistema de ruas com diferentes funções. De ruas principais e boulevards a avenidas, ruas residenciais, vias compartilhadas, becos e arcadas, os papéis dessas localidades variam tanto quanto seus usuários em constante mudança.

Portanto, os 'olhos da rua' devem ser complementados por uma segunda medida de vigilância natural orientada pelo design. Esta abordagem se baseia na hipótese de que, ao projetar ambientes construídos para maximizar a visibilidade e permitir que as pessoas sejam vistas através das janelas, por exemplo, os delitos são desencorajados.[164] Conhecida como *Crime Prevention Through Environmental Design* (Prevenção do Crime através de Design Ambiental — CPTED), a estratégia de 'design para a prevenção ao crime' tem ganhado considerável relevância em todo o mundo desde a década de 1980.

A combinação de os 'olhos da rua' e o 'design para prevenção do crime' é um ponto de alavancagem relacionado à categoria *Feedback positvo que se autorreforça* como medidas para promover a vigilância natural. Embora a presença dessas medidas nem sempre seja muito óbvia, para muitas mulheres elas podem ser mais eficazes do que a vigilância proporcionada pela tecnologia, como câmeras de CCTV e botões de pânico em parques, pontos de ônibus e campi universitários, que nem sempre aumentam a sensação de segurança. Na verdade, várias mulheres não consideraram CCTV eficaz na prevenção de atos aleatórios de assédio e violência contra elas. Apesar da intenção desses sistemas de vigilância, as câmeras de segurança podem, paradoxalmente, simbolizar o oposto do que se pretende: 'Quando vejo uma câmera, penso que possivelmente estou em um local perigoso'.

> Indore, Hyderabad e Nova Délhi estão entre as cidades mais vigiadas do mundo. Em Indore, há 62,52 câmeras para cada mil pessoas, enquanto cidades chinesas como Xangai, Pequim e Chongqing possuem até 372,8 câmeras por mil pessoas. Mas será que isso realmente faz as mulheres se sentirem mais seguras? Movimentos como o 'Women Walk at Midnight', que reúne mulheres para caminhar pelas ruas de Délhi e Bangalore desde 2018, não pensam assim.[165] Fundado pela *artivista** teatral Mallika Taneja, o movimento considera caminhar um 'ato profundamente político' para a desconstrução da regra tácita patriarcal de que as mulheres devem evitar andar sozinhas na rua à noite. As participantes dessas caminhadas estão cientes da constante vigilância que acompanha cada um de seus passos e, para elas, as câmeras de CCTV podem ser úteis para coletar evidências após um crime, mas não necessariamente evitá-lo.

A arquitetura e o planejamento urbano certamente não podem dissuadir todas as intenções criminosas em potencial, mas existem

---

* Uma pessoa que combina arte e ativismo, recorrendo ao uso da expressão artística como forma de protesto e mudança social.

abordagens comprovadas de design que são eficazes na prevenção e redução do crime. Que tipos de táticas de design as mulheres frequentemente defendem?

- Manutenção apropriada da vegetação ao redor dos caminhos – através do paisagismo, cuidado e poda de arbustos – para definir melhor os espaços entre as áreas privadas e semiprivadas, reduzindo os pontos cegos e oferecendo boa visibilidade aos pedestres.

- Melhoria e manutenção da sinalização indicando rotas públicas e desencorajando o acesso a áreas privadas ou sem supervisão.

- Iluminação, iluminação, iluminação! Ruas e parques bem iluminados que promovem um uso otimizado da luz durante o ano todo, mas garantindo a sensibilidade à vida silvestre para que morcegos, insetos e outros animais não sejam negativamente impactados pela iluminação artificial.

- Levar o interior para o exterior e mais atividade social para as ruas, permitindo que residentes de todas as idades experimentem mais conectividade e, consequentemente, uma melhor sensação de segurança.

Uma planejadora urbana de um conselho municipal local destacou a frequência com que lembra os empreendedores e arquitetos da necessidade de uma maior conexão visual entre prédios e ruas para possibilitar a vigilância natural. Melhorar a vigilância natural é responsabilidade de todos — planejadores, empreendedores, arquitetos e moradores. Atuando como um ponto da alavancagem da categoria *Ciclos de Feedback*, esta abordagem sistemática reduz a probabilidade de pedestres sentirem medo e a oportunidade de criminosos cometerem crimes. Além disso, contribui para o aprofundamento do senso de pertencimento e amplia o período em que mulheres e meninas podem se sentir seguras ao explorar e desfrutar suas comunidades.

Ponto de Alavancagem 13 – Programando patrulhas regulares por guardas comunitários

A sensação de segurança é específica a cada local. Vielas em Perth, o canal em Wester Hailes e o shopping em Drumchapel são consideradas 'áreas para evitar' por muitas das mulheres em minha pesquisa. Nesse contexto, elas destacaram que a presença da polícia, como medida preventiva, desempenha um papel importante na sustentação da sensação de segurança, tanto em áreas específicas quanto em suas comunidades de forma geral. Na verdade, um quarto das entrevistadas indicou a necessidade de um policiamento visível em suas ruas como garantia para se sentirem seguras. Mas nem toda polícia é igual. Mais especificamente, as mulheres se referiram à necessidade de guardas comunitários que se identifiquem com a área.

> Pare um momento. Pense em uma região de seu bairro que realmente deve ser evitada. Imagine como sua vida seria mais fácil se você pudesse atravessá-la em horários arriscados. Agora, visualize essa mesma área sendo patrulhada por dois guardas comunitários que você conhece. A presença deles faria alguma diferença, sabendo que o local está sendo monitorado por pessoas que você reconhece?

De modo geral, os guardas comunitários podem ajudar a gerenciar tensões de bairro, comportamentos antissociais, descarte inadequado, pichações, cães que incomodam — e seus donos — e sujeira. Muitas mulheres defenderam a reintegração dos guardas comunitários em suas regiões, pois sua presença reforça a sensação de que há alguém por perto. Essa presença constante de guardas locais atua como um ponto de alavancagem da categoria *Feedback positvo que se autorreforça*, promovendo uma experiência de segurança para todos os residentes urbanos, exceto para aqueles que buscam causar confusão.

> Durante suas patrulhas diárias a pé, os Guardas de Segurança Comunitária percorrem as ruas de paralelepípedos dos bairros lisboetas de Alta de Lisboa, Baixa, Chiado e Misericórdia. Esses

guardas foram selecionados através de um processo participativo conduzido pelo Grupo de Segurança, constituído por moradores, polícia municipal e partes interessadas locais com profundo conhecimento das tensões e recursos de seus territórios.[166] A primeira tarefa do Grupo de Segurança é traçar um perfil ideal do guarda comunitário antes de recrutá-los e treiná-los. Algumas posições são até mesmo ocupadas por moradores que assumem novos papéis! A designação dos guardas a territórios específicos por um longo período permite que ganhem reconhecimento e confiança da comunidade, além de desenvolver habilidades interpessoais essenciais para lidar com os desafios complexos da área. As rondas diárias dos guardas, combinadas com reuniões mensais do Grupo de Segurança para discutir questões emergentes do bairro, contribuem para a construção de uma confiança coletiva e um ambiente mais seguro para se viver.

As mulheres com quem conversei ressaltaram a distinção entre os papéis dos guardas comunitários e dos policiais. Para elas, enquanto os guardas têm a função de proteger, a polícia exerce poder disciplinar. Destacando essa distinção, uma mulher confidenciou: 'Perdemos uma policial comunitária. Uma perda imensa. Agora somos "policiadas". Em vez de um serviço para nós, é algo que se faz contra nós'.

E se as mulheres projetassem os sistemas de segurança de suas comunidades? Em primeiro lugar, poderiam defender uma mudança de conceito de 'força policial' para 'serviço policial'. Embora ambos os termos se refiram a práticas regulatórias para a segurança, 'força policial' está associada a um 'poder sobre', enquanto 'serviço policial' se relaciona a um 'poder com'. Nesse contexto, os guardas comunitários desempenham o papel de fomentar o engajamento da comunidade em questões de segurança, gerenciar a troca de informações e manter o equilíbrio entre comunidades culturalmente diversas. Por exemplo, um grupo de mulheres de uma comunidade indiana em Glasgow sugeriu que os incontáveis guardas encarregados de aplicar multas de estacionamento fossem redesignados como guardas comunitários, semelhantes ao papel dos antigos guardas de parques. Elas acreditam que essa mudança pode oferecer um ambiente mais seguro, permitindo que residentes e visitantes caminhem livremente por toda a cidade.

A presença e familiaridade são elementos chave para o sucesso desta abordagem. É essencial que a comunidade conheça seus guardas e que eles compreendam o funcionamento e a natureza da comunidade. Agendar patrulhas regulares por espaços públicos, realizadas por guardas locais com mandatos de trabalho claros, pode promover um senso de acessibilidade e acolhimento territorial entre os usuários, ajudando as pessoas a se sentirem protegidas. Assim, as mulheres podem desenvolver maior confiança na cidade e se sentir seguras para seguir por rotas sinuosas, sem temer situações como a de virar na esquina errada.

Ponto de Alavancagem 14 – Tornando obrigatório o treinamento prático de conscientização sobre o ciclismo

Em uma cultura de transporte ativo saudável, motoristas cedem passagem aos ciclistas e ciclistas dão passagem aos pedestres. Na prática, entretanto, as relações entre esses três grupos de usuários das ruas são permeadas por dinâmicas de poder complexas, que podem alternar os papéis de vítima e agressor, dependendo das circunstâncias. Essas tensões no compartilhamento das vias são um tema central de debate, especialmente entre mulheres que desejam pedalar mais. Este ponto de alavancagem trata da relação entre motoristas e ciclistas, e busca formas de assegurar uma cultura de maior respeito mútuo no uso seguro das vias públicas para o benefício de todos os usuários.

As cidades holandesas são conhecidas por sua cultura ciclista. Elas são permeadas por redes de ciclovias seguras, projetadas para otimizar as viagens de bicicleta e sustentadas por um rigoroso código de regras, comportamentos e multas. Como resultado, na Holanda as mulheres andam mais de bicicleta que os homens.[167] [168]

Os ciclistas na Holanda seguem as regras de trânsito, respeitando semáforos e placas, e evitando pedalar em calçadas, pavimentos e autoestradas. Se você não seguir as regras, pode ser multado.[169] O uso de luzes dianteiras e traseiras em bicicletas após escurecer é obrigatório, com uma multa de €60 para quem não cumprir. Além disso, uma campainha na bicicleta é compulsória e, ao ultrapassar alguém, é considerado uma boa prática tocar a campainha: 'trim, trim!'. Estender a mão para sinalizar a direção para onde está virando também é obrigatório, correndo o risco de receber uma multa de €40. Além disso, apenas dois ciclistas podem andar lado a lado. Embora essas multas sejam caras, elas ajudam a garantir a segurança no trânsito. Outros exemplos de multas incluem: €140 por segurar um celular ao pedalar, €100 por cruzar um sinal vermelho e €60 por pedalar na faixa de ônibus.

Num país que tem mais bicicletas do que pessoas e onde o ciclismo é visto como um direito humano, os motoristas — que também são ciclistas — tendem a ter uma empatia natural pelos outros usuários das ruas. Nas junções entre a ciclovia e a pista de trânsito, os ciclistas têm prioridade, e você encontra muitas ruas promovendo o conceito *fietsstraat: auto te gast*, que significa que 'carros são convidados'.[170]

O mesmo não pode ser dito em cidades onde os veículos motorizados ainda ocupam o topo da hierarquia de transporte. Para algumas mulheres, pedalar significa desafiar a ordem moral tradicional das ruas, onde os carros reinam e os ciclistas são vistos como incômodos. Para os motoristas, ciclistas frequentemente causam irritação quando não seguem as mesmas regras que os carros, como ao ultrapassar filas de veículos pedalando bem abaixo do limite de velocidade, sem pressa e de forma sociável. Grupos de mulheres pró-ciclismo defendem que os ciclistas têm o direito de pedalar na velocidade que desejam e com a qual se sentem confortáveis, e denunciam o desrespeito generalizado dos motoristas. O grupo *InfraSisters,* por exemplo, faz campanhas em Edimburgo por uma infraestrutura de ciclismo noturno que seja segura e confortável para mulheres e meninas.[171] Esses passeios noturnos pressionam os responsáveis pelas ciclovias da cidade a implementar uma infraestrutura segura e bem iluminada, com rotas onde as ciclistas são protegidas do trânsito motorizado.

A ONG *Bike for Good* promove uma cultura de ciclismo saudável e inclusiva em sua sede de Glasgow. A organização reforma e conserta bicicletas, além de ensinar grupos locais a pedalar e a realizar a manutenção das suas bikes.[172] Eles oferecem passeios gratuitos para mulheres de minorias étnicas para fortalecer sua confiança e, também, promovem festivais de ciclismo para encorajá-las a se enxergarem como ciclistas, desafiando a noção de que 'ciclismo é para XYZ' – em que muitas vezes, XYZ significa 'um homem branco vestido com lycra'. Entre seus *workshops*, a *Bike for Good* oferece um curso de dois dias de conscientização sobre o ciclismo para motoristas de caminhão, com objetivo de ajudá-los a entender a experiência de ser um ciclista em ruas dominadas por veículos motorizados. O *workshop* visa educar os caminhoneiros sobre os pontos cegos de seus veículos e torná-los mais conscientes dos riscos que os ciclistas enfrentam.

Ao revisitar a relação entre motoristas e ciclistas por meio de incentivos no cumprimento das regras, este ponto de alavancagem se enquadra na categoria *Regras do Sistema*. A ideia surgiu a partir de conversas com mulheres ciclistas experientes que acreditam que as tensões entre os dois usuários poderiam ser reduzidas se todos os motoristas participassem de uma variação do Treinamento Prático de Conscientização sobre Ciclismo (*Practical Cycle Awareness Training* — PCAT)[173] para motoristas de caminhões. Esse treinamento poderia ser tornado obrigatório para todos que se candidatam a uma carteira de motorista ou até mesmo associado ao teste anual obrigatório de segurança veicular e emissões de carbono. O PCAT permite que motoristas de veículos grandes se coloquem no lugar dos usuários mais vulneráveis das ruas como ciclistas, pedestres, pessoas em cadeiras de rodas ou em *scooters* de mobilidade, proporcionando uma maior compreensão de suas necessidades e perspectivas. Da mesma forma, os ciclistas deveriam se capacitar para pedalar na cidade, obedecendo às regras de trânsito. Ao mudar as regras do sistema, motoristas e ciclistas podem evoluir juntos em empatia, confiança e competência.

Além disso, tornar o Treinamento Prático de Conscientização sobre Ciclismo obrigatório para motoristas de veículos motorizados poderia contribuir significantemente para a criação de uma cultura de transporte ativo mais empática e amigável, onde ciclistas e motoristas coexistem em segurança e colaboram no esforço essencial de reverter o crescimento do tráfego rodoviário e, com isso, descarbonizar os sistemas de transporte.

Ponto de Alavancagem 15 – Incentivando o transporte ativo como modo de vida

Existem inúmeras maneiras de definir o transporte ativo. A definição do governo da Irlanda, porém, é direta e concisa: 'Viajar com um propósito, utilizando sua própria energia'.[174] Essencialmente, o transporte ativo refere-se a qualquer modo de viagem que depende da atividade física, como caminhar, pedalar, usar cadeira de rodas ou patinar para atividades como ir ao trabalho, passear ou fazer compras. Esses modos de deslocamento são amplamente usados por mulheres em suas rotinas diárias.

Os bairros históricos, projetados antes do advento dos veículos motorizados, eram intencionalmente compactos e interconectados, oferecendo acesso a serviços essenciais a uma curta distância que podia ser percorrida a pé.[175] Não é por acaso que a motorização em massa e a rápida adoção de automóveis coincidiram com o desenvolvimento de redes de bairros que se estendem por quilômetros de distância a partir dos centros urbanos, exigindo o uso de carros para deslocamentos diários como trabalho, comércio, lazer e acesso a serviços gerais. Desde a década de 1950, os veículos movidos a combustíveis fósseis e seus motores de combustão interna transformaram a sociedade moderna, proporcionando independência e liberdade de mobilidade e colocando os veículos motorizados no topo da hierarquia de transporte. Porém, a um custo alto!

A dependência dos carros é um tema complexo e amplamente debatido. Alguns autores abordam a questão sob a ótica da dependência do petróleo,[176] [177] [178] outros focam nos impactos ambientais como mudança climática, poluição sonora, congestionamentos e segurança nas estradas.[179] Há também análises que investigam questões de identidade, status, atitudes e normas.[180] Independentemente dessas linhas de pensamento, a mentalidade que coloca os carros no topo da hierarquia de transportes está mudando em discurso, mesmo que não tanto na prática. Isso se reflete em uma série de publicações de instituições acadêmicas e financeiras que destacam como o transporte ativo e a mobilidade suave estão mudando a face das cidades.

Se as mulheres projetassem as cidades, elas seriam planejadas para a proximidade em vez da mobilidade motorizada. Cada bairro seria interligado por vias de ciclistas e pedestres, ao lado de sistemas de transportes bem conectados e de fácil navegação. Para as mulheres, ruas dedicadas aos pedestres são essenciais para manter o senso de comunidade. Várias participantes da minha pesquisa compartilharam a visão de que ruas devem ser para pessoas, e não para os carros. Enquanto algumas argumentaram a favor de uma transformação abrangente a nível de cidade, outras defenderam a pedestrianização de partes dos bairros e a conversão das ruas principais em vias sem acesso para veículos. Além disso, algumas enfatizaram a importância de negociar o padrão de uso do terreno urbano e periurbano. Um exemplo ilustrativo é a prevalência do uso de carros em Perth, na Escócia, que pode ser atribuída à natureza compacta da cidade combinada com a dispersão espacial das habitações. Essa situação destaca a necessidade de que planos de transporte ativo considerem as distâncias significativas que as pessoas precisam percorrer para alcançar seus destinos.

Este ponto de alavancagem se enquadra na categoria *Mentalidade* e propõe uma mudança de visão de mundo que reconhece que as ruas pertencem a todos os usuários e não apenas aos carros. Ele desafia e transforma as teorias de zoneamento de cidades que colocam o carro como referência absoluta. Apoia, portanto, a transição de cidades centradas em veículos para cidades onde o tráfego evapora e as pessoas colaboram com a natureza para criar ambientes urbanos que funcionam num ritmo que favorece o bem viver. As mulheres entrevistadas mencionaram repetidamente que a qualidade e largura das vias exclusivas para pedestres, que garantem fácil acesso para cadeiras de rodas, *scooters* elétricas e carrinhos de bebê, influenciam suas escolhas de viagem. Caminhos esteticamente agradáveis e bem cuidados incentivam as pessoas a dirigir menos e a caminhar mais, desfrutando da vitalidade de suas ruas e frequentando lojas e cafés. A visão que emerge é de esperança comparável ao florescer da primavera, sugerindo que o ritmo mais lento é belo e que a vida urbana deve desacelerar para prosperar.

Ponto de Alavancagem 16 – Repensando o sistema de tarifa do transporte público para 'viagens encadeadas' e redesenhando ônibus para as 'viagens com sobrecarga'

Este ponto de alavancagem combina a categoria *Parâmetros* com *Poder para auto-organizar e evoluir* os sistemas de transportes, levando em consideração dois padrões de viagens característicos das mulheres. O primeiro padrão é o das 'viagens encadeadas', que envolve a necessidade de fazer múltiplas paradas para transportar crianças, realizar tarefas, fazer compras e atender compromissos sociais e profissionais.[181] O segundo padrão é o das 'viagens com sobrecarga', que se caracteriza por viajar acompanhada de uma criança, um adulto dependente ou itens pesados e difíceis de carregar.[182]

Pesquisas de longa data demonstram que, em média, as mulheres viajam distâncias e durações de jornadas mais curtas em comparação às dos homens.[183][184][185] Enquanto os homens, por exemplo, que trabalham em escritórios, costumam realizar uma jornada simples de ida e volta entre casa e trabalho, as mulheres tendem a fazer múltiplas paradas e alternar modos de locomoção ao longo do dia. Isso se deve à divisão de trabalho por gênero e aos diversos papéis que as mulheres desempenham em um único dia, incluindo trabalho, vida social, tarefas domésticas e cuidados. Como as mulheres geralmente preferem padrões de locomoção mais sustentáveis, adaptar o transporte público às suas necessidades — especialmente fortalecendo a multimodalidade — poderia promover padrões de transporte mais sustentáveis, melhorar o bem-estar delas e liberar mais espaço para momentos criativos, sociais e de autocuidado.

As mulheres acreditam que, para estimular o uso do transporte público nas cidades, é fundamental que ele se torne mais acessível, barato e melhor conectado. Um tema recorrente é a criação de um sistema de acesso-saída-transferência*, permitindo que as mulheres

---

* Uma estratégia de transporte que assegura o acesso conveniente, embarque e desembarque tranquilos e transferências contínuas entre modalidades para uma experiência de viagem eficiente e integrada.

troquem de meios de transporte com um único bilhete. Para que isso aconteça, é necessária uma maior colaboração entre os provedores de transporte, para desenvolver um esquema interligado e sensível ao gênero. Muitas mulheres defenderam a implementação de um bilhete único que permita o encadeamento de viagens durante um determinado período de tempo em uma rede bem integrada, tornando o transporte público mais acessível a todos. Exemplos de tal esquema incluem a tarifa *Hopperfare* de Londres e o Bilhete Único de São Paulo que permite dois embarques em até três horas com um único bilhete.

Para transformar tendências em políticas públicas e projetos é essencial coletar evidências locais sobre como as mulheres utilizam o transporte, suas preferências e uso do tempo. Compreender as necessidades de viagem de cada gênero é fundamental para tomar decisões informadas sobre o planejamento de transportes sustentáveis. Isso requer vontade política e intenso trabalho metodológico.

Umeå, na Suécia, é reconhecida por priorizar a perspectiva de gênero no planejamento urbano, especialmente nas áreas de mobilidade e infraestrutura, utilizando análises de dados desagregados por gênero.[186] A cidade se dedica a entender os padrões de mobilidade de mulheres e homens e usa estas estatísticas para implementar mudanças significativas. Por exemplo, pesquisas revelaram que o deslocamento de ônibus para locais de trabalho predominantemente femininos, como hospitais, era elevado, enquanto os padrões variavam para distritos comerciais e industriais. Com base em um estudo da Agência de Inovação *Vinnova*, que indicou que se os homens viajassem como as mulheres, as emissões de carbono poderiam ser reduzidas em quase 20%,[187] Umeå identificou uma série de estratégias para engajar os homens na descarbonização do transporte. Entre elas estão esquemas de caronas compartilhadas, a sincronização dos horários dos ônibus com os expedientes de trabalho e a adição de mais pontos de ônibus para incentivar o uso mais frequente do transporte público pelos homens.

Além das viagens encadeadas, as mulheres são mais propensas a realizar deslocamentos sobrecarregadas. Existe um debate contínuo sobre a alocação de espaço entre carrinhos de bebê e cadeiras de rodas no transporte público. No Reino Unido, as cadeiras de rodas têm prioridade por lei, e mães e pais são instruídos a dobrar os carrinhos de bebê se necessário ou a esperar pelo próximo ônibus.[188] Para mulheres em áreas periurbanas, isso pode significar uma espera de até uma hora pelo próximo ônibus. Este ponto de alavancagem sugere a redesenho do espaço interno dos ônibus para acomodar viagens com sobrecarga tão comuns para as mulheres. Como indicado por uma mãe de minoria étnica que realiza tais viagens diariamente: 'A solução é desenhar ônibus com espaços adaptáveis para que todas as pessoas carregadas não percam a vez'.

Ponto de Alavancagem 17 – Projetando 'rotas de ar puro' e zonas de baixa emissão de carbono sob a perspectiva de mulheres e bebês

Cada entrevista itinerante foi única em suas revelações. Em uma ocasião em Perth, uma cidade centrada em carros, uma participante me guiou por um percurso através do centro que evitava qualquer interação com veículos motorizados. Caminhamos por passagens escondidas entre prédios e ruas tranquilas, becos e vielas, ao longo de canais e córregos. Essa experiência capturou a essência deste ponto de alavancagem, recomendando a criação de 'rotas de ar puro' para compensar os gases e ruídos do tráfego congestionado.

O conceito de 'rotas de ar puro' está alinhado ao número crescente de Zonas de Baixa Emissão (*Low Emission Zones* — LEZ) que já estão em operação, preparação ou planejamento em 15 países da Europa.[189] Este ponto de alavancagem, no entanto, vai ainda mais longe. Enquanto uma Zona de Baixa Emissão restringe a circulação dos veículos mais poluentes em uma determinada área para reduzir a poluição do ar, ela muitas vezes não resolve o problema por completo — afinal, os mais ricos ainda podem pagar para obter permissão de entrada com seus veículos! As 'rotas de ar puro', por outro lado, vão além, melhorando as condições para caminhadas e promovendo a saúde física e mental de crianças e adultos. Essas rotas transformam caminhos pouco utilizados em experiências agradáveis e respiráveis, onde o ar é mais limpo e a exposição a partículas nocivas, significativamente reduzida.

> A *High Line* em Nova York é uma dessas 'rotas de ar puro'.[190] Transformada de uma ferrovia abandonada em um parque público elevado, essa área no oeste de Manhattan foi salva da demolição e reinventada pelos próprios moradores do bairro. Desde a sua inauguração em 2009, a *High Line* oferece uma rota única onde as pessoas podem apreciar a natureza, a arte e o design, longe da agitação das ruas congestionadas da cidade que nunca dorme. Hoje ela é uma via verde contínua de 2,33 km e abriga mais de 500 espécies de árvores, gramíneas, arbustos e flores silvestres, integradas a instalações aquáticas e obras de arte. A

High Line exemplifica uma parceria pública-comunitária de sucesso, em que a associação *Friends of the High Line* e o Departamento de Parques & Recreação de Nova York mobilizam recursos e compartilham uma visão comum. Além disso, ela serve como inspiração para cidades que buscam transformar infraestruturas industriais desativadas em rotas de ar puro, proporcionando espaços de deslocamento, introspecção e lazer para pessoas de todas as idades.

Em geral entende-se que, quanto maior a velocidade do veículo, maiores as emissões produzidas pelo escapamento. Um estudo conduzido na Universidade de Surrey sugere que crianças em carrinhos de bebê são expostas a até 60% mais poluição do ar proveniente do tráfego das ruas do que os adultos.[191] Isso ocorre porque os pequenos estão fisicamente posicionados entre 0,55m e 0,85m acima do solo, enquanto os canos de escapamento dos veículos em geral ficam a cerca de 1m acima do nível da rua. Além disso, o estudo revelou que os lugares mais insalubres para bebês são os pontos de ônibus e semáforos próximos às faixas de pedestres, onde eles ficam expostos à poluição do ar enquanto esperam para atravessar a rua. Moradoras de conjuntos habitacionais reafirmaram essa preocupação, expressando temor em relação ao impacto que os gases emitidos por carros e motocicletas em alta velocidade provoca na saúde das crianças. O tráfego intenso é também uma realidade em Portobello High Street, uma rua comercial densamente povoada em Edimburgo, onde carros passam acelerados todos os dias. Várias mulheres citaram os desafios que enfrentam ao inalar grandes quantidades de partículas finas e poeira da rua enquanto aguardam para atravessar a rua, com pouquíssimas faixas de pedestres e veículos se movimentando por todas as direções.

Desenvolver uma rede sinuosa de 'rotas de ar puro', conectando bolsões de áreas verdes e azuis assim como caminhos abandonados de um bairro, é um ponto de alavancagem da categoria *Poder para acrescentar, mudar e evoluir ou auto-organizar a estrutura de um sistema,* impulsionado pela colaboração entre as partes e com um potencial para gerar resultados transformadores. Ao defender tal visão, uma mulher afirmou que 'querer é poder', destacando como os planejadores urbanos e moradores poderiam trabalhar juntos para codesenhar uma rede emergente de 'rotas de ar puro' para mitigar os efeitos da poluição.

Mums for Lungs (Mães a Favor dos Pulmões) é um grupo ambiental no Reino Unido dedicado a promover a criação de 'ruas escolares' ao redor de escolas.[192] Uma 'rua escolar' consiste no fechamento temporário de ruas para veículos motorizados durante os horários de entrada e saída de alunos. Esta medida reduz a exposição das crianças à poluição, melhora a qualidade do ar, aumenta a segurança e incentiva o uso de transporte ativo. As ruas escolares estão se tornando cada vez mais populares no Reino Unido, com mais de 500 já implementadas em Londres.[193] O objetivo do *Mums for Lungs* é capacitar diretoras, mães, pais e cuidadores a implantar ruas livres de trânsito em todas as escolas do país.

O ar limpo é um direito humano fundamental. Nas cidades, onde o ar puro é raro, a poluição frequentemente afeta o bem-estar das pessoas de maneiras que muitas vezes passam despercebidas. Com a poluição do ar causando 13 mortes por minuto globalmente, a Organização Mundial da Saúde (OMS) alerta que muitos dos fatores poluentes, como veículos movidos a combustíveis fósseis, também são fontes de emissões de gases de efeito estufa.[194] Repetidamente encontro mulheres defendendo uma abordagem sistêmica que integre políticas públicas e questões ambientais. Este ponto de alavancagem pode beneficiar tanto a saúde quanto o clima. As mulheres que entrevistei desejam transformar seus trajetos diários substituindo vias de alta velocidade por ruas mais lentas e tranquilas, onde crianças e bebês possam se deslocar ao ar livre respirando ar puro e apreciando os suaves aromas da terra. Cada respiração é importante.

Ponto de Alavancagem 18 – Educando coletivamente para transformar estereótipos

 Mulheres e meninas vivenciam seus bairros através de um conjunto de fatores limitantes físicos, sociais e de segurança, que moldam seu cotidiano. Muitos desses obstáculos permanecem invisíveis para os homens. Este ponto de alavancagem da categoria *Fluxos de informação* busca tornar o invisível visível e, em seguida, transformar o visível em relações mutuamente respeitosas e enriquecedoras. Faz isso ao introduzir discussões sobre papéis das mulheres e homens através de uma educação baseada em valores desde cedo, no ensino básico.

Educar as crianças sobre igualdade de gênero desde cedo em casa, na escola e na comunidade é essencial, pois acontece em uma fase crítica do aprendizado sobre o mundo e seu papel nele. Desafiar expectativas tradicionais e estereótipos de gênero prepara o caminho para um mundo mais igualitário no futuro. Repensar, por exemplo, as noções de meninos 'fortes', que devem reprimir suas emoções, e meninas 'cuidadosas', cujo papel é agradar aos outros, pode prevenir a manifestação de estereótipos adultos em que as mulheres devem nutrir e evitar a dominância, e os homens devem ser proativos e evitar demonstração de qualquer fraqueza. Nesse sentido, uma mulher na minha pesquisa discutiu os elementos prescritivos dos estereótipos de gênero, relatando: 'Minha filha tem 8 anos e já noto muitas expectativas de gênero desnecessárias nessa idade'.

Várias entrevistadas acreditam que intervenções antecipadas e o desenvolvimento de capacidades em jovens podem prevenir, no futuro, atos de violência contra mulheres. Quais seriam as melhores intervenções? Em primeiro lugar, é fundamental cultivar relações seguras, estáveis e acolhedoras entre crianças, mães, pais e responsáveis, criando um contexto de respeito e aceitação. Na ausência desse ambiente acolhedor, a comunidade pode intervir e acolher, adotando a filosofia de Gandhi de que 'é preciso uma aldeia para criar uma criança'. Uma mulher ressaltou a importância dessa abordagem, enfatizando que muitas crianças vivem em um estado de angústia constante. Introduzir experiências de realidades alternativas pode mostrar que existem maneiras mais saudáveis e felizes de viver e prosperar. Outra participante mencionou uma iniciativa comunitária chamada 'Casa de Segurança Holandesa' (*Dutch Safety House*), que constitui um espaço projetado para oferecer um porto seguro para crianças em trânsito de ida ou volta da escola. Comunidades fortes podem desempenhar um papel vital na criação de condições locais que ajudam os jovens a se tornarem cidadãos engajados, e a previnir ou reduzir a delinquência juvenil e a vitimização criminal.

> Leeds, uma cidade inglesa de médio porte, queria se tornar reconhecida como uma cidade que incorpora a gentileza como um valor essencial, através do qual jovens podem crescer, compartilhar e contribuir com a sociedade. Inspirado pela campanha e festivais 'Revolução da Gentileza' de Leeds,[195] um grupo de mulheres de Wester Hailes expressou seu desejo de promover uma cultura de gentileza que se estenda a todas as crianças da região, mesmo aquelas que não a encontram nas próprias casas. Elas esperam que essa mobilização comunitária baseada em valores permita que crianças cujos responsáveis são viciados em drogas, por exemplo, superem os desafios que enfrentam, desenvolvendo ao mesmo tempo uma perspectiva de gênero mais igualitária.

Testar limites é uma característica comum da adolescência. Este é um momento em que a comunidade pode servir como zona de amortecimento permitindo que os jovens explorem esses limites — idealmente sem ultrapassá-los em demasiado! Apesar da tendência juvenil de se distanciar psicologicamente de seus cuidadores, a sabedoria das mulheres sugere que esta fase da vida é mais sobre conexão do que correção. Incentivar atividades recreativas ou físicas, explorar a natureza e estabelecer clubes de jovens com curadoria livre pode criar o espaço necessário para que meninas e meninos se tornem aliados. Ao discutir a responsabilidade compartilhada que resulta da socialização e a brincadeiras entre gêneros, uma mulher refletiu sobre a importância da conscientização e vigilância. Ela apontou que, em situações onde todos estão bebendo e explorando, é crucial que os meninos estejam cientes dos perigos e prontos para ajudar suas amigas. Simultaneamente, as meninas devem estar atentas para distinguir entre um flerte e uma situação de risco.

> Jovens urbanos frequentemente carecem de oportunidades para participar de ritos de passagem. Em algumas culturas tradicionais, os meninos são enviados sozinhos para enfrentar territórios desconhecidos, enquanto as meninas são iniciadas por mulheres mais velhas. Hoje nas cidades elas compensam e criam seus próprios ritos, muitas vezes através da música e dança. Esse é o caso de meninas adolescentes da periferia de São Paulo, que vivem em bairros dominados por gangues. Apesar do hip hop ter surgido como uma atividade cultural dominada por homens, as *b-girls* e *funkeiras* usam sua música e dança para desafiar as dinâmicas desiguais de poder entre meninas e meninos.[196] Sua produção artística, caracterizada pela provocação e rebeldia, ajuda a reafirmar suas identidades femininas urbanas, e denuncia criativamente desigualdades de gênero, raça e econômicas.

Palavras criam mundos. Desconstruir estereótipos de gênero começa com a revisão da linguagem que usamos. Enquanto a humanidade ainda se refere ao 'homem' nas principais escrituras e práticas religiosas; a toponímia contemporânea* revela que ruas com nomes de homens são muito mais numerosas do que aquelas com nomes de mulheres; o pronome coletivo 'nós' ainda se refere à forma masculina nas línguas latinas; e a IA utiliza vozes femininas (como Alexa da Amazon, Assistente do Google e Siri da Apple),[197] reforçando a crença de que as mulheres existem apenas para ajudar os homens a seguir com coisas mais importantes...! A linguagem demanda atenção deliberada e mudança radical — do latim, *radicalis*, *radix*, que significa 'referente a raízes'.

As mulheres estão determinadas a desconstruir os estereótipos de gênero desde cedo, aproveitando fluxos de informação e repensando padrões culturais expressos na linguagem, nos papéis das brincadei-

---

* Um nome concedido a um lugar ou acidente geográfico, tal como uma cidade, uma montanha, um rio ou uma rua. Eles servem como rótulos ou identificadores para uma locação específica da superfície terrestre.

ras, nas roupas, música e dança, e em todas as suposições que perpetuam noções de homens ativos e mulheres passivas. Há um trabalho imenso necessário em toda sociedade para revisitar as dinâmicas de gênero, criando novas perspectivas sobre o que constitui a feminilidade e a masculinidade no século XXI.

Ponto de Alavancagem 19 – Expandindo o uso do espaço público à noite

 A relação entre as mulheres e os espaços urbanos é complexa e dinâmica. Elas costumam escolher seus itinerários diários com base em mapas mentais, que se transformam quando o sol se põe. À medida que a noite avança, os espaços públicos vibrantes do dia se transformam em locais influenciados por fatores externos, além do seu controle.

> A caminhada comunitária noturna *la passeggiata* acontece todas as noites na ilha de Ortigia, o coração histórico de Siracusa, Sicília. Esse ritual italiano, que ocorre antes do jantar, envolve pessoas passeando pelo labirinto de ruas e vielas antigas ao redor da magnífica Piazza Duomo e da Fonte Aretusa, rodeada por papiros. A palavra *passeggiata* deriva do verbo italiano *passeggiare*, que significa passear.[198] Em Ortigia, a *passeggiata* geralmente acontece entre 17h e 20h, e aos finais de semana famílias inteiras participam. A ideia é que não haja pressa e nem destino final. As pessoas simplesmente caminham devagar e param para colocar a conversa em dia ao longo do caminho. Jovens flertam, idosos socializam, e quem chegou do trabalho relaxa – muitos se arrumam. É uma oportunidade para ver e ser visto.

Sentir insegurança à noite reduz a liberdade de movimento das mulheres e limita sua capacidade de participar de atividades culturais, sociais e recreativas noturnas. Por décadas, geógrafas feministas têm examinado os gatilhos das *geografias do medo** [199] [200] acumuladas ao longo da vida das mulheres e como estas percepções influenciam suas decisões diárias. Algumas mulheres associam seu nervosismo noturno a comportamentos antissociais, como grupos barulhentos de jovens em ruas, praias ou parques públicos. Uma jovem entrevistada, no entanto, observou que 'esses encontros de jovens não são uma

---

* Padrões e percepções de medo e insegurança dentro de um contexto geográfico específico, influenciando os comportamentos, experiências e o uso do espaço pelas mulheres.

ameaça para mim porque eu costumava ser uma delas. Eles estão apenas se divertindo'.

Outras mulheres associam sua ansiedade a um medo visceral de crimes, estupro e feminicídio, o que limita sua plena participação em atividades noturnas. Essas mulheres se ressentem de ficar confinadas em casa à noite, impossibilitadas de aproveitar a vida noturna. Uma das que entrevistei relatou um incidente que testemunhou em seu parque público, onde um adolescente foi esfaqueado. Ela descreveu o evento como assustador, o que afetou profundamente sua relação com o parque e com sua vida social noturna.

Este é um ponto de alavancagem da categoria *Objetivo do sistema,* cujo foco é articular, defender e insistir que paisagens noturnas possam ser desfrutadas por todos. Envolve atos de coragem das mulheres para transformar geografias de medo por meio da reapropriação e remodelação do espaço urbano, criando condições bio-culturais-espaciais que expandam o uso dos espaços públicos à noite. Neste contexto entendemos que nenhuma ação isolada pode alcançar esse objetivo, mas uma série de intervenções em rede pode.

Em termos de intervenções espaciais, as mulheres destacaram a necessidade de manutenção adequada e frequente dos espaços verdes para evitar a impressão de que o lugar não é cuidado, o que pode melhorar a percepção de segurança e contribuir para a qualidade estética e física do local. Além disso, projetar e instalar sistemas de iluminação pode reforçar a sensação de segurança. A importância da sinalização também foi enfatizada, tanto para orientar as pessoas em direção aos espaços públicos quanto para criar um senso de chegada e transição nos espaços verdes.

Em termos de intervenções coletivas, as mulheres recomendaram a participação em grupos de caminhada, ciclismo e corrida para aumentar a confiança nos espaços urbanos ao ar livre no escuro. Essas atividades devem ser realizadas com sensatez e com uma avaliação coletiva das situações de risco. Uma mulher destacou a importância de dar *feedback* aos homens sobre limites, propondo que, quando abordadas sem solicitação na rua, elas devem responder: 'Por acaso lhe dei autorização para falar comigo?'

Quanto à promoção de eventos sociais, uma entrevistada propôs a ideia rebelde de criar noites exclusivas para mulheres em parques públicos, para permitir que elas desfrutem do espaço em segurança. Ela observou que isso 'poderia aborrecer os homens', mas argumentou que, assim como a sociedade sugere que as mulheres priorizem sua segurança ficando em casa, os homens também deveriam ficar em casa enquanto as mulheres saem, já que são eles os responsáveis por muitas violências contra as mulheres. Organizar noites exclusivas para mulheres pode estimular conversas significativas entre membros da comunidade sobre como transformar padrões de comportamento obsoletos nos espaços públicos do século XXI.

A palavra emancipação deriva do latim — *e*, 'fora', *manus*, 'mão' e *capere*, 'pegar' — significando a libertação de uma pessoa da autoridade de uma mão forte para viver conforme suas próprias escolhas.[201] Este ponto de alavancagem indica que ao mudar e expandir o objetivo do sistema podemos transformar lugares que intimidam em paisagens que estimulam ocupação emancipatória do espaço pelas mulheres. Assim, talvez possamos cocriar as condições bio-culturais-espaciais que permitam que as *passeggiatas* noturnas se tornem uma realidade em todos os bairros.

Ponto de Alavancagem 20 – Codesenvolvendo uma infraestrutura integradora

As infraestruturas sustentam nosso mundo urbano por meio de redes de tubulações, estradas e cabos, que geralmente só se tornam visíveis quando falham ou entram em colapso. Essas infraestruturas constituem as fundações de um bairro e, como tal, oferecem oportunidades para que as comunidades se apropriem e transformem seus espaços. As infraestruturas urbanas incluem desde redes utilitárias, como sistemas aquecimento distrital, saneamento, esquemas de reciclagem, até sistemas de circulação como calçadas, meios-fios, separadores de tráfego, além de infraestruturas de apoio como banheiros públicos, bancos e iluminação.

Um novo conceito de 'infraestrutura integradora' emergiu da pesquisa de campo, indicando que construir infraestruturas com as mulheres em mente pode ter um efeito positivo em toda a sociedade. Bancos que estimulem a socialização, bebedouros, coretos reaproveitados, iluminação inteligente, parquinhos inclusivos e banheiros públicos bem cuidados e limpos, abertos o ano todo, são algumas das melhorias mais citadas pelas mulheres que entrevistei. Essas melhorias podem ser alcançadas através da cooperação entre o setor público, o privado, o terceiro setor e as próprias comunidades.

Mais fácil falar do que fazer. Uma característica distinta da experiência urbana é o conflito contínuo sobre recursos, planos de desenvolvimento e a priorização de infraestrutura. Como observou uma mulher: 'Tudo gira em torno dos recursos' — e os cortes de gastos em infraestrutura frequentemente não consideram as necessidades das mulheres. Este é um ponto de alavancagem da categoria *Poder para acrescentar, mudar, evoluir ou auto-organizar a estrutura do sistema* aplicado à infraestrutura do bairro. Ele postula adoção de abordagens de design colaborativo, adaptadas localmente e que conservem recursos, acompanhadas por monitoramento e cuidados conduzidos pelas próprias comunidades.

As interações cotidianas das mulheres com a infraestrutura são distintas. Elas lidam com calçadas irregulares, meios-fios inadequados e falta de rampas e portas automáticas quando usam carrinhos de bebê ou cadeira de rodas. Na maioria dos casos, a infraestrutura é projetada para atender um ideal masculino de homem branco saudável na faixa dos quarenta anos. Donella Meadows argumenta que mudar uma estrutura física raramente é fácil depois que construída, afirmando que 'o ponto de alavancagem está no próprio design adequado desde o início'.[202] Quanto à humanização das calçadas e meios-fios, uma sugestão foi que engenheiros de tráfego passem uma semana empurrando um carrinho de bebê para entender melhor as necessidades das mulheres, antes de desenhar planos para zonas de baixa emissão. Não que os homens não empurrem carrinhos de bebê — eles fazem isso cada vez mais (em geral com uma mão só!) — mas as mulheres continuam sendo a maioria a desempenhar essas tarefas. Tais experiências podem ampliar as perspectivas de engenheiros no design de soluções adequadas de uma infraestrutura integradora.

Parques e outras infraestruturas verdes requerem cuidado e melhorias regulares. Banheiros públicos em espaços verdes e azuis são importantes para todos, independente de idade, classe, etnia, gênero, capacidade mental ou física. Eles têm, no entanto, uma importância maior para certos segmentos da sociedade, como os idosos, as pessoas com deficiência, mulheres, famílias com crianças pequenas e visitantes. Reconhecer e implementar o acesso a banheiros limpos e bem cuidados como um direito humano é crucial para promover a dignidade de todos.

> Portobello está envolvido em uma crise de saneamento. A falta de banheiros públicos na região é uma grande preocupação. Quem visita a praia não tem outra opção a não ser encontrar locais alternativos para se aliviar, muitas vezes recorrendo a becos e lugares escondidos. Para ilustrar a gravidade da situação, duas moradoras com quem conversei relataram que durante o verão seus jardins foram usados como banheiros públicos. Em um nível mais sistêmico, um grupo de mulheres nadadoras observou que, dependendo da chuva e das marés, há dias em que o esgoto de toda a cidade acaba no mar.

Outras intervenções que poderiam melhorar a experiência nos lugares verdes para as mulheres incluem a instalação de iluminação sensível à vida silvestre, particularmente nos meses escuros do ano. Além disso, elas sugeriram que os bancos sejam projetados, sempre que possível, com encosto e apoios para os braços, como um recurso social, oferecendo opções para que as pessoas possam sentar-se de frente umas para outras e, de preferência, evitando materiais como pedra fria.

Em termos de infraestrutura nova, as mulheres indicaram seu interesse em participar das decisões de design para promover um mundo mais sustentável. Algumas mencionaram suas experiências com pontos de recarga de veículos elétricos, e uma delas observou: 'É muito provável que todo o sistema de infraestrutura dos pontos de recarga tenha sido decidido por homens em uma sala, em volta de uma mesa'. Isso se reflete no fato de que esses pontos frequentemente estão localizados em cantos isolados e mal iluminados de estacionamentos, o que faz com que as mulheres hesitem em ficar sozinhas enquanto seus carros estão sendo carregados à noite.

Outra sugestão de estilo de vida com baixa emissão de carbono é a reintrodução de varais coletivos para secar roupas em espaços verdes. Uma das mulheres lembrou a prática de sua avó secando roupas em South Inch, perto do rio Tay, rodeada por um anfiteatro de colinas. Essa é a realidade de muitos países mediterrâneos — embora os europeus tenham máquinas de lavar roupa em suas casas, muitos não possuem secadoras. Em vez disso, os varais de corda ou alumínio fazem parte da paisagem urbana. Não importa se a temperatura está abaixo de zero pois, apesar de congeladas, as roupas ainda podem secar ao ar livre!

O ODS 11 reconhece a necessidade de uma infraestrutura urbana de baixa emissão, eficiente e resiliente. O codesenvolvimento de uma infraestrutura integradora, que considere as experiências e necessidades das mulheres, pode avançar o objetivo de eficiência, resiliência e descarbonização. Só então o ideal de bairros projetados para pedestres, com roupas secando ao vento, pontos de recargas iluminados para carros elétricos, banheiros limpos em abundância, iluminação sensível à vida silvestre, bebedouros de água pura, bancos sociais — todos promovendo um ethos de cuidado — poderá ser mais plenamente realizado.

Ponto de Alavancagem 21 – Maximizando o uso de recursos locais

 Na natureza não há desperdício. Este ponto de alavancagem da categoria *Estrutura dos recursos e fluxos materiais* busca maximizar o uso e fechar o ciclo de materiais e recursos urbanos sempre que possível. O objetivo é apoiar a capacidade regenerativa dos bairros através do consumo local e da reutilização e recuperação de materiais que são comumente desperdiçados em intervenções urbanas.

Ao falar sobre a doença da 'afluência' e os descontentamentos associados, o escritor norte-americano Wendel Berry define o consumismo como um estado de dependência impotente de coisas externas, serviços, ideias e motivos, levando a uma desconexão da terra e da capacidade de nos sustentarmos.[203] Para muitos, a prosperidade é definida como 'ter mais', um fator que estimula as tendências de consumo e o uso e abuso dos recursos naturais em níveis sem precedentes. De fato, o consumo global de recursos aumentou significantemente, atingindo 100 bilhões de toneladas por ano em 2022, um crescimento substancial comparado com as seis bilhões de toneladas registradas em 1990. Esse aumento é acompanhado por uma quantidade correspondente de lixo, com aproximadamente 90 bilhões de toneladas descartadas.[204] Os níveis de consumo de recursos per capita atingiram o patamar mais alto da história da humanidade.[205]

Que papel as mulheres podem desempenhar para corrigir essas tendências nas cidades? Enquanto o ODS 11.6 argumenta que parte da solução está na gestão de resíduos, precisamos ir além e revisitar os padrões de consumo e produção. Para começar, as mulheres podem mobilizar seu poder de compra para localizar seus sistemas econômicos. Se no Norte Global elas têm a responsabilidade de reduzir o consumo e evitar o uso excessivo de recursos naturais e materiais, as mulheres do Sul Global também são fundamentais para mudar os processos de produção e reduzir a geração de lixo.

Cada vez mais elas estão se conscientizando dos impactos no meio ambiente que ocorrem ao longo das cadeias de suprimento de produtos e serviços, assim como nas vidas dos que produzem os produtos que utlilizam. No entanto ainda há um longo caminho a percorrer. As mulheres com quem caminhei admitiram as dificuldades que enfrentam para reduzir o próprio consumo. Para elas, o grande desafio é como promover uma transformação de uma sociedade de superconsumo de produtos e serviços para uma baseada no bem-estar, pertencimento e vida sustentável, onde o desperdício é minimizado e a reutilização é priorizada.

O outro lado da gestão de resíduos é uma noção simples, mas poderosa: maximizar o uso de recursos locais de forma mais produtiva economiza dinheiro e pode ser melhor para o meio ambiente. Nesse contexto, as mulheres com quem conversei demostraram interesse em fazer mais com menos — em particular, utilizando mão de obra e materiais locais para reduzir a dependência de produtos baseados em combustíveis fósseis e de longas cadeias de suprimentos. Assim, elas compartilharam sua conexão emocional com objetos feitos à mão e com os ambientes locais de onde se originam, bem como a satisfação de restaurar, remendar ou consertar seus próprios pertences.

Um grupo dinâmico de voluntárias que encontrei trouxe vida e arte a uma praça comunitária negligenciada localizada em uma *gushet**, próxima ao Kelvin Park, em Glasgow. Belos mosaicos feitos de azulejos e vidro reciclado incrustados no chão retratam constelações, letras do alfabeto e diversos pássaros, animais e insetos encontrados no jardim. Uma das voluntárias mencionou que, embora seu grupo seja ativo, elas acreditam na responsabilidade compartilhada em vez do sobrecarregar as mulheres com a tarefa de resolver todos os problemas sozinhas. O mesmo grupo conseguiu mobilizar fundos para reinstalar um portão histórico de ferro batido na entrada do parque que estava armazenado havia 30 anos.[206] Construídos em 1897 em comemoração aos 60 anos de reinado da Rainha Vitória, os portões foram removidos pela Prefeitura quando sua condição se deteriorou. Os reparos exigiram perícia artesanal, incluindo a restauração do me-

---

* No contexto escocês, o gushet se refere a um pequeno pedaço de terra triangular ou em forma de fatia, encontrado geralmente na junção entre duas estradas ou ruas.

tal danificado, a reconstrução das colunas de arenito e a recriação das lanternas de vidro a partir de fotografias do passado. Uma projeto como este pode renovar nossa apreciação por instalações urbanas elaboradas à mão, feitas com cuidado e lentidão.

Quando a empresa social 'Bridge 8 Hub' foi estabelecida na periferia de Wester Hailes, em Edimburgo, sua primeira ação foi a limpeza do canal local com a participação de mais de cem moradores, grupos comunitários e empresas locais.[207] Mais de duzentos sacos de lixo foram recolhidos onde carrinhos de supermercado, bicicletas, pneus e garrafas se acumulavam. Hoje esse espaço abriga um centro de atividades ao ar livre baseado no canal e também uma horta comunitária. Um coletivo de mulheres que cuida do jardim de ervas está reutilizando paletes para fazer canteiros de plantas, mesas e assentos. Ferramentas de jardinagem são guardadas em contêineres de navio reutilizados, pneus de carro descartados funcionam como canteiros de ervas isoladas e potes de iogurte servem como vasos de plantas.

No coração deste ponto de alavancagem está a celebração do engajamento comunitário na descoberta de formas de atender às necessidades locais com recursos locais. Desta forma, os materiais são reutilizados, reaproveitados, e o trabalho artesanal de restauração e conservação é revitalizado na criação de bairros mais regenerativos.

E se as Mulheres Projetassem a Cidade

Ponto de Alavancagem 22 – Praticando uma cultura de escuta profunda

Qual é a diferença entre engajamento e mobilização comunitária? Imagine um campo social pleno de potencial bio-cultural-espacial ainda por ser realizado. Engajamento e mobilização são duas linhas diferentes de trabalho, ambas necessárias para manifestar esse potencial.

Mobilizar implica uma força que estimula e reúne pessoas para a ação. Políticas e questões locais tendem a mobilizar rapidamente a vontade coletiva e estimular as pessoas a agir. Entre o estímulo e a resposta existe um espaço e, neste espaço, a comunidade tem a liberdade de escolher sua resposta. Enraizadas em uma longa tradição de ativismo socioespacial e diante de um fluxo contínuo da desmobilização de serviços públicos, algumas mulheres do conjunto habitacional Wester Hailes acreditam que 'precisamos de uma grande questão para mobilizar as pessoas e, neste momento, não temos uma questão comum forte o suficiente a ponto de querermos sair e lutar'.

De uma perspectiva da mecânica clássica, mobilizar pode ser visto como uma força centrífuga que surge de um ponto e se expande para fora para realizar o potencial mais elevado de um local. Em contraste, o engajamento pode ser visto como relacional e centrípeto, refletindo o que Newton descreveu como 'uma força através qual os corpos são atraídos ou repelidos',[208] que atrai e mantém vivo o interesse dos membros da comunidade ao sustentar um círculo de participação e apoio.

Dependendo das circunstâncias, as pessoas às vezes se referem à mobilização como engajamento e vice-versa. Para que tanto a mobilização quanto o engajamento funcionem, contudo, as mulheres com quem conversei identificaram a escuta profunda como um requisito essencial. Praticar uma cultura de escuta profunda é um ponto de alavancagem da categoria *Ciclos de feedback positivo autorreforçador*, articulado por várias entrevistadas que acreditam que a escuta generativa alimenta iniciativas lideradas pelo espírito empreendedor da comunidade (força centrífuga), ao mesmo tempo em que nutre o respeito entre as partes interessadas (força centrípeta).

> Nesse contexto, as mulheres em Wester Hailes (WH) questionaram a profundidade das consultas periódicas, muitas vezes percebidas como 'tokenísticas' tanto sobre o plano diretor quanto ao planejamento local, coordenadas pela elite política e especialistas em arquitetura da época. Para muitas, Wester Hailes não é apenas uma entidade geográfica que precisa passar por outro ciclo de modernização para continuar a existir, nem tampouco um problema a ser resolvido. É o centro do seu universo, onde a construção de suas identidades é constantemente reforçada. Com orgulho, elas se referem à sua história de ativismo social, como a criação do espaço comunitário *The Harbour* (O Porto) na década de 1970, para oferecer refúgio a mulheres. Repetidas vezes, dentro das possibilidades e da imaginação, elas preencheram lacunas no bem-estar comunitário impactadas por anos de cortes de serviços e austeridade fiscal. Sentindo-se reticentes após décadas de 'regeneração de cima para baixo', a comunidade multicultural contemporânea reconhece o 'cabo de guerra' entre o que é definido como política pública e o que são de fato os planos locais. Agora elas desejam criar um espaço de mulheres para revitalizar a área comercial em declínio e promover o espírito empreendedor de 'mães de negócios' e, simultaneamente, criar uma cultura de escuta profunda aos projetos comunitários transformadores.

A escuta profunda deve ser a pedra fundamental do trabalho desempenhado por planejadores, autoridades e profissionais de urbanismo. Participantes das três cidades escocesas expressaram uma experiência semelhante de intervenções urbanas realizadas sem verdadeiras consultas democráticas — 'a Prefeitura não se esforça' e, quando o faz, parece que 'está comendo pelas beiradas' — resultando em ceticismo quanto ao governo municipal, as políticas e a forma como as consultas são conduzidas. As entrevistadas referiram sobretudo à falta de clareza durante as consultas digitais 'cheias de jargões', particularmente ao utilizar termos relacionados à mudança de comportamento para uma vida com baixo carbono.

Com então alavancar melhor a escuta profunda em consultas públicas entre aqueles que moldam políticas e intervenções e aquelas consideradas as 'beneficiárias', para que as aspirações da comunidade sejam ouvidas? Para a autora Meg Wheatley, o diálogo é um meio através do qual os seres humanos sempre chegaram a novos pensamentos, criando um espaço de liberdade para aqueles que pensam de modo diferente.[209] A escuta profunda generativa, portanto, atua como um processo dinâmico de coevolução de ideias dentro de uma área temática, engajando (força centrípeta) e mobilizando (força centrífuga) formas de pensamento e ação, resultando em níveis complexos de representação.

Tomemos o transporte ativo como exemplo. Admite-se que algumas medidas de transporte ativo e redução de tráfego são controversas, exigindo consultas rigorosas e meticulosas para que a diversidade de pontos de vista seja refletida com justiça. A sugestão é criar consultas públicas generativas que reconheçam as múltiplas perspectivas com um cronograma claro e realista para que as pessoas tenham tempo para se preparar e contribuir. A comunicação generativa é um processo de diálogo profundo que facilita a cocriação de novas ideias e soluções através da escuta ativa e da reflexão coletiva. Ao ir além das consultas 'tokenísticas', esse processo se desdobra através de um fluxo livre e imparcial de informações entre as mulheres, a comunidade e os líderes do transporte ativo, nutrindo um senso de pertencimento e colaboração.

Nos anos 1990, houve uma virada comunicativa no planejamento urbano. Desde então, processos como o codesign, as *charrettes** e a construção de consenso se tornaram conceitos de moda, reafirmando que o conhecimento é socialmente construído e não apenas desenvolvido por especialistas e cientistas. As mulheres, no entanto, que constituem metade da população, ainda não se sentem representadas nas políticas e intervenções dessa fase de codesign — é preciso avançar mais. Uma cultura de escuta profunda pode criar o espaço necessário

---

* Uma oficina de design colaborativo que envolve as partes interessadas, tais como arquitetos, planejadores, membros da comunidade e outras partes relevantes para gerar ideias e soluções para um projeto ou problema específico.

para que ideias generativas surjam nas margens entre o conhecimento tácito dos membros da comunidade, enraizados em experiências cotidianas, e o conhecimento especializado dos experts tecnicamente orientados. É hora de silenciar as nossas ideias preconcebidas e realmente ouvir.

Ponto de Alavancagem 23 – Incentivando o turismo regenerativo

O turismo regenerativo, um novo conceito que inclui e transcende o turismo responsável e o ecoturismo, tem suas origens no desenvolvimento e design regenerativos.[210] Seu objetivo é não apenas preservar, mas também revitalizar os lugares que visitamos, deixando-os em melhores condições do que os encontramos. Anna Pollock, uma pesquisadora que atua no setor de turismo internacional, descreve essa abordagem regenerativa como uma 'viagem consciente' em que todos os elementos do sistema prosperam – hóspedes, funcionários, empresas e os próprios destinos.[211] Exemplos incluem comunidades locais que conservam florestas tropicais intocadas e mantêm pousadas ecológicas, ou que restauram a biodiversidade ao substituir as pastagens de gado pela reintrodução de animais silvestres. Mas como melhor aplicar esse conceito em ambientes urbanos?

Mulheres que vivem na comunidade costeira de Portobello em Edimburgo, que atrai um número crescente de visitantes, notaram como a ameaça da mudança climática nos convida a repensar alterações de estilo de vida e comportamentos tanto dos moradores como dos visitantes. Como uma mulher expressou: 'Somos uma comunidade costeira e precisamos nos preparar porque a ciência é clara em relação ao aumento do nível do mar e a intensificação das tempestades'.

Embora pareça uma área puramente costeira, Portobello está geograficamente contida entre o mar e as colinas, oferecendo acesso a uma rica variedade de habitats. Uma abordagem consciente de turismo urbano emprega diversos métodos de engajamento dos visitantes como fotografias da flora e fauna, contação de histórias, poesia, arte, trilhas aventureiras e caminhadas com observação guiada. Esses métodos permitem que os visitantes, além de contribuírem para a economia local, deixem um impacto positivo na área. Uma mulher comentou não basta apenas 'abster-se de danificar ou de deixar um rastro de lixo', é importante deixar o lugar melhor que você encontrou.

A identificação com o lugar alimenta comportamentos de cuidado. O turismo, por sua própria natureza, envolve uma interação transitória entre pessoas e lugares. Como, então, despertar nos visitantes uma atitude protetora e regenerativa em relação à complexa rede de sistemas vivos que compõem uma área urbana? As mulheres falaram sobre a importância da identificação com o mar, a costa e os habitantes mais-que-humanos de Portobello, o que poderia resultar em um respeito e cuidado mais profundos por parte dos visitantes à região

Promover o conceito de turismo regenerativo é um ponto de alavancagem da categoria *Fluxos de informação*. Compartilhar ideias e exemplos de como este turismo valoriza a singularidade bio-cultural-espacial do lugar pode inspirar tanto os anfitriões quanto os visitantes a adotarem novos comportamentos. Anna Pollock defende o desenvolvimento da capacidade das comunidades de compreender e desempenhar seus papéis de guardiãs de seus ambientes.[212]

> Findhorn, fundada em 1962, é um assentamento ecológico pioneiro, localizado no nordeste da Escócia. Ao longo das décadas, tem desempenhado um papel de liderança internacional como um centro de desenvolvimento de estilos de vida com baixa emissão de carbono perseguidos através de uma complexa tessitura de sonho e visão, dança e canto, tecnologia e espírito, investigação e design, reflexão e ação, morte e renovação.
> Seis décadas se passaram desde que os fundadores da comunidade estacionaram a sua caravana no que mais tarde ficou conhecido como o 'Jardim Original', plantando a primeira semente para o que se tornou um centro internacional de educação que recebe milhares de pessoas de todas as partes do mundo. Hoje, a ecovila de Findhorn atrai mais de 10 mil visitantes por ano, que vão explorar as soluções prototipadas para o desafio de design regenerativo dos nossos tempos nas áreas de produção de alimentos, sistemas de energia renovável, construção ecológica, remediação da biodiversidade, economia circular e redução da pegada de carbono; e, mais significantemente, operando na interface entre os complexos sistemas ecológicos e sociais e as dimensões interiores da consciência humana.[213]

E se as Mulheres Projetassem a Cidade | 99

Em Portobello, as mulheres acreditam na influência educacional que a vivência em uma comunidade forte e cuidadosa pode ter sobre os visitantes. Ao cuidar de suas praias, parques, bosques e cursos de água, elas esperam que esses visitantes despertem uma maior apreciação pela natureza em suas próprias comunidades e adotem atitudes semelhantes de cuidado. Além disso, a presença de arte em exibição, beleza e criatividade expressas através de eventos culturais, shows, festivais, lojas independentes e atividades ao ar livre também é vista como uma estratégia regenerativa. Isso cria uma imagem convidativa e inspiradora da comunidade, melhorando a experiência de bem-estar dos visitantes e aumentando sua disposição para retornar.

O papel da comunidade aqui é essencial na curadoria de atividades e experiências que incorporam a sinergia entre sistemas humanos e naturais. As comunidades tornam-se laboratórios de aprendizagem e destinos regenerativos para aqueles que estão engajados em redesenhar a nossa presença humana na Terra.

Ponto de Alavancagem 24 – Adotando bairros de 20 minutos

 A visão dos assentamentos projetados e construídos em escala humana é irresistível: ela reconcilia viver e trabalhar, eliminando a necessidade de longas viagens diárias e tornando as atividades sociais e culturais, de recreação e lazer acessíveis a todos.

O transporte ativo, o desfrutar dos espaços verdes e o fortalecimento do espírito comunitário durante a pandemia demonstraram que a localização de nossas vidas pode levar a reduções significativas na pegada de carbono, ajudando enfrentar a emergência climática e aprofundando o senso de pertencimento. Um critério chave para a seleção das cinco áreas da minha pesquisa foi a aspiração desses bairros de incorporar alguns aspectos do conceito emergente dos bairros de 20 minutos.

Os conceitos gêmeos de habitabilidade e de viver localmente, onde os moradores têm acesso a todos os serviços necessários para viver, aprender e prosperar nas imediações, são conhecidos por distintos nomes em cidades diferentes. Em Paris, é chamado de 'cidade de 15 minutos';[214] em Melbourne 'bairros de 20 minutos';[215] e em Portland, EUA, 'bairros conectados e saudáveis'.[216]

O Plano de Melbourne 2017-2050 baseia-se em pesquisas que indicam que 800 metros é a distância máxima que as pessoas estão dispostas a caminhar para atender às suas necessidades diárias localmente.[217] Estima-se que caminhar 800 metros leva 10 minutos, enquanto uma caminhada de 1.600 metros leva cerca de 20 minutos.[218] [219] Essas necessidades diárias podem incluir compras de itens básicos, acesso a estabelecimentos e serviços médicos, escolas e encontros sociais, todos dentro de uma jornada de ida e volta de 20 minutos, utilizando rotas seguras para caminhar e pedalar e opções de transporte local. Estimativas para Melbourne sugerem que se os bairros de 20 minutos fossem implementados em toda a cidade, haveria uma redução diária de nove milhões de quilômetros nos deslocamentos de passageiros, o que poderia levar a uma diminuição das emissões de gases de efeito estufa de mais de 370 mil toneladas por dia.[220] Além de reduções significativas nas emissões de gases e poluição, e das economias em investimentos em infraestrutura, o Plano de Melbourne também visa proporcionar benefícios adicionais, como a melhoria na saúde, a redução dos custos de viagem por família, o fortalecimento do senso de pertencimento e a promoção de bairros vibrantes e seguros.[221]

Uma estratégia chave para alcançar reduções substanciais das emissões de carbono no Plano de Ação Climática de Portland é a ideia de 'bairros conectados e saudáveis', que visa apoiar a saúde e o bem-estar dos residentes e a vitalidade dos negócios locais. O Plano de 2015 estabeleceu o objetivo de criar bairros vibrantes em toda cidade até 2030, onde 80% dos residentes de todas as idades e habilidades possam caminhar ou pedalar facilmente até mercearias, escolas, bibliotecas, parques e pontos de encontro em um percurso de 20 minutos. O plano prevê a redução dos quilômetros percorridos por veículo por pessoa passando de 27,3 km por dia em 2013 para 19,3 km por dia em 2030, e para 9,6 km por dia em 2050.[222]

Chamado 'ville du quart d'heure', o conceito de 'cidade de 15 minutos' tornou-se um elemento central na abordagem da prefeita Anne Hidalgo para melhorar a poluição do ar, a habitabilidade e a resiliência climática de Paris.[223] Inicialmente proposto em 2016, este conceito foi cocriado por Carlos Moreno, um acadêmico da Sorbonne e conselheiro especial da prefeita de Paris. Moreno buscou inspiração na noção de 'crono-urbanismo'*, que considera as cidades em relação ao tempo, proximidade e ritmos diários e sazonais da vida, sugerindo deslocamentos mínimos entre casa, escritórios, restaurantes, parques, hospitais e estabelecimentos culturais.[224]

> O conceito de bairro de 20 minutos pode ser visto como um ponto de alavancagem da categoria *Mentalidade,* moldado por uma consciência coletiva de responsabilidade compartilhada por futuros urbanos desejáveis. Mas quem deve liderar essa tendência persuasiva em planejamento urbano, capaz de reduzir toneladas de emissões de carbono, encorajar o transporte saudável, promo-

---

* Um conceito que enfatiza o impacto do tempo nas rotinas diárias, no padrões de movimento, na organização espacial e no design urbano, defendendo que ao otimizar o uso do tempo e reduzir longas jornadas desnecessárias para o trabalho, as cidades podem melhorar a qualidade de vida dos moradores.

ver a vigilância natural, reverter o declínio das ruas e economias locais, e aprofundar o senso de comunidade?

Autoridades locais têm se esforçado para transformar bairros escoceses em experiências localizadas de bairros de 20 minutos.[225] As mulheres, no entanto, acreditam que a participação ativa dos moradores nos planos desses bairros é essencial para a redistribuição de poder político em favor de vozes raramente ouvidas. Elas veem este processo participativo como um antídoto para a regeneração grandiosa e frequentemente inacabada liderada por especialistas e seus planos diretores ultrapassados.

A visão do bairro de 20 minutos é, às vezes, articulada em paralelo com o caráter local da economia. Como descrito por uma mulher que entrevistei: 'Eu gosto de comprar peixe e verduras a pé na minha região. Se não há lojas locais que atendem a comunidade, você acaba indo de carro a supermercados'. Isso implica encorajar pequenos estabelecimentos comerciais que atendam as necessidades do bairro, incentivando mais empregos e prosperidade local, além de reduzir viagens, embalagens e lixo. Também significa promover um ritmo de vida mais lento, algo que a economista e cineasta Helena Norberg Hodge descreve como a construção da 'economia da felicidade'[226], que visa transformar o distanciamento e o anonimato impostos pela economia global.

Yorkhill & Kelvingrove incorporam uma aplicação estimulante do conceito de bairro de 20 minutos, tanto no passado quanto no presente. Uma enfermeira que migrou do sudeste asiático e se estabeleceu em Yorkhill nos anos 1970 comentou como era prático morar nas redondezas do hospital. De fato, o estilo de vida que ela descreveu se assemelha muito à noção contemporânea de um bairro de 20 minutos:

> 'As pessoas se lembram daqui como sendo a primeira área de imigrantes. Tudo o que precisávamos estava ao nosso alcance – mercearias, escolas, a universidade e hospitais –, além da conveniência adicional das lojas indianas e de outras minorias étnicas. O templo, o museu, o jardim, a biblioteca estavam todos próximos. A Sauchiehall Street era muito famosa. A área não só abrigava o Hospital das Crianças, mas também a maternidade da Rainha Mãe, frequentemente chamada de

'Cordão umbilical,' onde mães e bebês permaneciam intimamente conectados.

De uma marcenaria em funcionamento há 50 anos na zona de serviços a uma variedade de comércios locais, incluindo mercearias, peixarias, clínicas médicas, academia de ginástica e um parque, Yorkhill & Kelvingrove incorporam o conceito de um bairro de 20 minutos. A área oferece uma ampla gama de estabelecimentos e comodidades a ponto de algumas mulheres nem sequer sentirem que estão em uma cidade agitada como Glasgow. Uma mulher descreveu essa experiência como um lugar onde 'é possível aproveitar a vida sem ser rico'.

Como um ponto de alavancagem da categoria *Modelo Mental*, fica evidente que a implementação dos bairros de 20 minutos não depende apenas das políticas públicas ou dos planejadores urbanos. Ao contrário, mulheres com um profundo conhecimento de suas áreas podem ser protagonistas da ideia de proximidade urbana, onde os moradores têm acesso facilitado a empregos, comércio, saúde, educação e serviços culturais, a uma curta distância de suas casas. Ao incorporar essa metáfora espacial como estilo de vida, as mulheres podem redefinir as dinâmicas de poder ao adotar um urbanismo de proximidade.

Ponto de Alavancagem 25 – Cocriando espaços de segurança para meninas

Meninas que crescem em cidades desenvolvem habilidades para navegar uma variedade de interações com amigos, conhecidos e estranhos. Paisagens inseguras e interações indesejadas despertam nelas um estado de alerta antecipado que pode se tornar uma segunda pele durante a transição para a idade adulta. Estima-se que, até 2030, cerca de 700 milhões de meninas estarão vivendo em ambientes urbanos.[227] A transição muitas vezes inquietante da adolescência para a idade adulta costuma ser acompanhada de mais tempo socializando fora de casa e maior independência em relação aos pais. É uma época que requer sistemas únicos e sutis de segurança bem como a disponibilização de espaços designados não apenas para proteger, mas também para preparar as jovens para suas vidas adultas.

Regras criam contextos, definem limites e, também, graus de liberdade. Este é um ponto de alavancagem da categoria *Regras do sistema,* que emergiu a partir de conversas com mulheres, mães, assistentes sociais e amigas com experiência em lidar com meninas adolescentes. Este ponto de alavancagem visa alcançar um equilíbrio delicado entre proteger e empoderar as jovens mulheres, atendendo às necessidades de desenvolvimento daquelas que já superaram a fase dos playgrounds, mas ainda não estão completamente integradas às atividades sociais adultas.

Como princípio, todas as garotas devem ter o direito de se locomover com segurança pela cidade — no entanto, isto nem sempre é garantido. No conjunto habitacional de Drumchapel em Glasgow, as jovens mulheres reivindicam acesso seguro e igualitário às ruas em todos os momentos do dia e da noite. Elas defendem a importância de uma iluminação pública adequada como um direito de gênero, e propõem bater panelas para desafiar a indiferença dos planejadores e autoridades municipais às suas necessidades.

Uma profissional de saúde em Drumchapel acredita que as meninas estão amadurecendo mais cedo que os meninos. Para ela, isso se deve tanto à qualidade das refeições escolares, quanto ao impacto das mídias sociais, que motivam as meninas a frequentarem academias para se embelezarem e queimarem calorias. Há uma discussão em andamento sobre como as redes sociais moldam e redefinem as expectativas, medos e fantasias do que constitui a feminilidade contemporânea. Sobre esse tema, uma mulher alertou que, embora as meninas hoje exibam sua aparência deslumbrante através de moda e maquiagem, influenciadas pelas mídias, é crucial que os homens compreendam que essa 'exibição' não é um convite.

Mulheres com quem conversei propuseram a cocriação de sistemas de salvaguardas culturais-espaciais que apoiem jovens mulheres a aumentar sua autoconfiança e desenvolver sua assertividade. Aqui, estes sistemas consideram a capacidade de ação das adolescentes em vez de sua vitimização, e levam em conta seu estado de alerta ao avaliar e administrar os riscos potenciais que enfrentam durante o amadurecimento nas cidades. Uma mulher sugeriu a criação de 'santuários de segurança', onde as jovens possam obter ajuda sem serem julgadas por seu comportamento, oferecida por agentes de proteção da juventude ou adultos de confiança. Quando questionadas sobre como seriam esses santuários, as mulheres sugeriram a criação de 'lugares legais' onde as adolescentes possam se divertir, passar tempo juntas e formar suas próprias noções sobre o mundo. Esses espaços protegidos podem oferecer oportunidades para que elas explorem temas significativos como consentimento e desafiem construções idealizadas da feminilidade. Esses espaços poderiam ser transitórios e projetados em parceria entre adolescentes, arquitetos e planejadores urbanos. O processo de design desses locais já constitui uma oportunidade para o exercício de autorrepresentação e autodeterminação dentro dos sistemas urbanos de tomada de decisão, reafirmando a confiança das jovens em assumir seu direito à cidade.

A criação de áreas dedicadas a meninas em espaços públicos abertos, onde elas possam ser simplesmente adolescentes e não se sentir mais em risco, está emergindo em muitas cidades ao redor do mundo. De Umeå a Hanoi, de Malmo a Yangon, políticas públicas e intervenções urbanas, que por muito tempo negligenciaram as necessidades das meninas, estão evoluindo. Como resultado, têm surgido espaços onde elas podem se sentir seguras, aceitas sem julgamentos e, sobretudo, ser elas mesmas e desabrochar.

Ponto de Alavancagem 26 – Manifestando intervenções ecofeministas

Ao caminhar com mulheres pelas ruas de Perth, Edimburgo e Glasgow, algumas entrevistadas traçaram paralelos entre a cultura do abuso sofrido em ambientes urbanos e a tendência do ser humano de querer dominar a natureza – um tema destacado pelas ecofeministas dos anos 1970.

O termo 'ecofeminismo' foi cunhado pela ativista francesa de direitos civis Françoise d'Eaubonne, em seu livro *Le Féminisme ou la Mort*. Nele ela argumenta que a dominação das mulheres e a degradação do meio ambiente são consequências da mesma visão de mundo comum ao patriarcado e ao capitalismo.[228] Assim, ela convocou as mulheres a liderar uma revolução ecológica que estabelecesse novas relações entre a humanidade e a natureza, bem como entre mulheres e homens. Como estratégia, d'Eaubonne propôs um experimento prático para avançar simultaneamente as duas agendas, de modo que a igualdade das mulheres não seja alcançada às custas do agravamento do meio ambiente, nem as melhorias ambientais às custas das mulheres.

Quarenta anos mais tarde, nosso desafio de design coletivo enfoca não apenas o bem das mulheres, mas também a vitalidade do nosso planeta. A estratégia proposta aqui é mudar os *Objetivos do Sistema* para uma abordagem integrada, em que a regeneração da biodiversidade e a redistribuição do poder entre os gêneros possam avançar simultaneamente. Com isso em mente, o primeiro passo é transformar a perspectiva antropocêntrica em uma abordagem mais biocêntrica e sensível ao gênero, capaz de gerar múltiplos benefícios.

Como uma linha filosófica dentro da ética ambiental, o antropocentrismo é amplamente definido como um sistema de crenças centrado no ser humano, que vê a natureza como um meio de alcançar finalidades e bem-estar humanos. Esse sistema posiciona os humanos como separados e superiores à natureza, que é administrada para o benefício e o aprimoramento da condição humana. Elizabeth Wilson, em um provocativo trabalho intitulado *The Sphinx in the City: Urban Life, the Control of Disorder, and Women*, destaca a tendência dos homens de buscar ordem nos aspectos inquietantes e ambíguos da vida urbana; enquanto as mulheres abraçam essa ambiguidade e encontram poder dentro dela.[229]

Soluções baseadas na Natureza (SbN) emergem dento de uma visão de mundo biocêntrica que influenciam diferentes disciplinas, incluindo o planejamento urbano. Entendidas como ações inspiradas, apoiadas ou copiadas da natureza, incluindo soluções de engenharia que mimetizam processos naturais, as SbN oferecem uma estratégia para abordar os efeitos da interferência humana na natureza, como a mudança climática, a perda de biodiversidade e os desafios relacionados à segurança hídrica e alimentar.[230]

Embora haja grande valor nesse conceito, antes de combinarmos ambas as agendas para beneficiar as mulheres e a natureza, precisamos estar atentos às armadilhas de adotar abordagens coercitivas para resolver problemas. Devemos evitar soluções 'engenheiradas' que se baseiam na mesma mentalidade que, inicialmente, criou os problemas. Isso inclui práticas de alto impacto sobre os sistemas vivos em uma área — como mineração e desenvolvimento de infraestrutura — que são 'compensadas'* pelo investimento em sistemas modificados em um outro lugar (também conhecido como 'falsas soluções da natureza').[231]

Mas como combinar ambas agendas na prática? Algumas participantes destacaram a importância de atos aleatórios de gentileza e cuidado, questionando o sistema de dominação que ordena e controla os espaços públicos e, em particular, os espaços verdes. A alfabetização inspirada em flores silvestres, a criação de beleza nos ambientes urbanos, o desconfinamento dos cursos d'água, a proibição do uso de glifosato para controlar ervas daninhas em parques urbanos, são alguns exemplos de ações que podem dialogar com a 'arrogância profissional' demonstrada por alguns arquitetos e planejadores que promovem planos elitistas às custas das pessoas e dos sistemas vivos.

---

* A prática de se compensar o impacto ambiental negativo no próprio meio através do apoio a projetos ou atividades que reduzam ou mitiguem as emissões de gases de efeito estufa ou outros efeitos prejudiciais.

Intervenções baseadas na natureza nas cidades podem aumentar sua resiliência. Um exemplo é o conceito chinês de cidades-esponja, que utiliza telhados verdes, tanques de retenção e zonas úmidas para absorver a água dos temporais, fortalecendo os sistemas de drenagem da cidade.[232] Da mesma forma, intervenções sensíveis de gênero estão guiando a transformação dos ambientes urbanos em cidades como Viena, Glasgow, Barcelona e Gabarone, ainda que muito lentamente. A combinação oportuna de ambas agendas pode se manifestar em cidades ecofeministas, dispostas a abrir mão do controle sobre um mundo que ainda temos muito a aprender.

Ponto de Alavancagem 27 – Incorporando beleza na forma e função das cidades

Ver a cidade através dos olhos das mulheres revelou a beleza em cantos inesperados. Uma pergunta recorrente que guiou suas reflexões foi: a funcionalidade e a beleza podem coexistir? A beleza foi frequentemente mencionada como uma qualidade essencial a ser perseguida no design das cidades contemporâneas. Para as mulheres, beleza nos ambientes urbanos é sinônimo de bairros vibrantes, diversos e com alma, que prosperam de maneira tão espontânea que chegam serem *caórdicos** – onde a natureza indomada, a interação humana e a ordem coexistem.

Incorporar beleza na forma e função urbanas é um ponto de alavancagem da categoria *Objetivo do sistema*, alcançado tanto por meio de um design intencional quanto por ações criativas aleatórias das mulheres como agentes de mudança. Elementos artísticos podem funcionar como uma espécie de acupuntura urbana, marcando espaços, inspirando, convidando à reflexão e estimulando o pensamento. Mas que tipo de arte? As mulheres que entrevistei mencionaram por exemplo a arte paisagística e intervenções com água corrente, como fontes e canais que trazem movimento e som aos espaços urbanos.

Outros exemplos incluem instalações artísticas utilizando a infraestrutura urbana como pano de fundo, como os mosaicos em postes de luz criados pela artista de rua Liz Onda, que ressignificam os pontos que iluminam a ilha de Florianópolis em intervenções inesperadas.[233] Outro exemplo é o 'bombardeio de fios' que emprega fios coloridos de malha ou crochê para revestir e decorar árvores, pontes, monumentos e bancos.[234] Inspirada por estas intervenções, uma mulher manifestou o desejo de transformar as torres de transmissão que cruzam seu bairro em uma 'arte de alta voltagem'. Elas também destacaram a importância de esculturas femininas com nomes e identidades próprias, para contrabalançar a prevalência de monumentos

---

* Uma condição dinâmica que combina elementos tanto do caos quanto da ordem, criando um ambiente onde a auto-organização e a emergência criativa podem ocorrer em um modelo de estrutura e propósito.

que celebram homens enquanto as mulheres são frequentemente representadas como personificações de virtudes como justiça, modéstia e sabedoria ou permanecem sem identidade.

Para as mulheres, a beleza no urbano pode ser vivenciada ao despertar os 'sentidos do lugar', envolvendo toda uma paleta sensorial por meio da estimulação suave de cores, texturas, formas, sombras, sons e cheiros. Uma participante demonstrou como o aroma dos arbustos floridos influenciava sua escolha de qual caminho tomar na jornada diária ao trabalho. Algumas mulheres sugeriram a criação de jardins aromáticos para enriquecer a experiência daqueles que não podem ver as flores e ervas. Outro grupo, de etnia asiática, diversificou os tipos de flores no jardim público onde moram como fonte de inspiração para todos os que passam por lá. Uma mulher compartilhou a experiência sensorial urbana de ouvir o canto dos pássaros e o vento fazendo as folhas das árvores dançar em meio a uma cacofonia urbana.

As mulheres também ressaltaram a importância de a estética dos ambientes construídos reconhecer e refletir o passado despertando memórias e emoções. Ao discutir arquitetura, elas enfatizaram o valor de os edifícios estarem enraizados em seu patrimônio cultural e biorregional, expressos através de estilos vernaculares que incorporam materiais, padrões, simetrias e cores característicos do ambiente construído, criando uma harmonia visual e contextual.

> Relembre uma experiência inesperada de beleza que você vivenciou em uma cidade – talvez um pôr do sol deslumbrante, a fragrância de um jardim de rosas, a vida nova surgindo entre as rachaduras de um muro, ou a surpresa de uma inspiradora arte de rua. Pare por um momento para reviver aquele instante de beleza enquanto respira lentamente. Perceba os sentimentos que surgem no seu corpo.

A beleza se estende para além do plano visual e pode abranger o tecido social de uma cidade, incluindo a diversidade de seu povo. Quanto mais inclusiva uma cidade, mais bela ela se torna. As mulheres ressaltaram a dimensão social no design urbano, argumentando que nada é mais urgente do que transformar a diversidade de crenças, raças, anseios e esperanças em um belo mosaico. Para elas, ao eliminar as desigualdades, as cidades se tornam mais bonitas, acolhedoras e atraentes para todos. Elas acreditam que a diversidade cria uma rica tapeçaria, onde todos os fios são iguais em valor, independentemente de sua cor.

Ponto de Alavancagem 28 – Reconectando o interior ao exterior

 Os precursores do movimento modernista que inspirou o design dos conjuntos habitacionais no Reino Unido acreditavam que, ao aperfeiçoar o que percebiam como a função da arquitetura, o desenvolvimento das condições socioeconômicas se desdobraria e, consequentemente, um mundo melhor emergiria. Essa hipótese, porém, tem sido desafiada ao longo das décadas, com indicações de que os projetos modernistas em larga escala, na verdade, contribuíram para uma maior segregação social. Isso foi reafirmado pelas mulheres de Wester Hailes e Drumchapel, que vivem em conjuntos habitacionais e bairros dominados por linhas retas rígidas, materiais de construção expostos e ornamentação mínima.

Enquanto caminhávamos pela Wester Hailes Plaza, uma participante observou que a comunidade sobreviveu a anos de 'espaços públicos muito mal projetados', o que reforçou um senso de anonimato e desconexão entre os residentes, em vez de encorajá-los a interagir. Segundo ela, o espaço público vazio estava desprovido de cor: 'Nesta área tudo era cinzento e não havia lugares para sentar e almoçar ao sol'. Ela enxergou as melhorias recentes na arborização e ampliação do paisagismo como tendo o potencial para estimular a socialização comunitária ao ar livre. Outra mulher concordou, afirmando que, ao revitalizar os espaços sociais, melhoram as condições para a interação e 'talvez possa mudar o comportamento dos moradores'.

Mulheres que residem e trabalham em ambas as regiões, em meio às reminiscências da arquitetura funcional do passado, identificaram um imenso potencial para reconectar os espaços internos aos externos. Uma participante mencionou que 'existe uma ligação rompida' entre o lado de dentro e o lado de fora, observando que muitos edifícios comunitários, como igrejas e centros sociais, têm visibilidade muito limitada. Isto significa que quem está dentro desses espaços não consegue ver o lado de fora. Neste contexto, especialmente para os membros da comunidade que enfrentam problemas de saúde, 'tudo o que eles fazem é ir a um desses centros sociais e depois voltar para casa', movendo-se, consequentemente, 'de um interior para o interior seguinte'. Essas experiências podem ter impactos cumulativos na saúde e agravar uma falta de envolvimento com os aspectos externos da vida.

Para abordar esta questão, uma participante sugeriu 'começar de dentro e olhar para fora'. Isso significa considerar atentamente os espaços externos que se vêem a partir de dentro em termos de espaços comunais. O que janelas e portas revelam e como as pessoas podem acessar esses espaços se estiverem lá? Um coletivo liderado por mulheres em Drumchapel sonha em assumir um pavilhão abandonado em um parque ao lado de uma quadra de tênis, para ajudar a reconectar os vínculos rompidos entre o interior e o exterior.

> Um ótimo exemplo de reconexão entre locais internos e externos pode ser visto na relação entre a Basílica de Santa Maria d'Alacant – a igreja mais antiga em funcionamento em Alicante, Espanha – e sua Piazza Santa Maria.[235] Construída em estilo gótico valenciano entre os séculos XIV e XVI sobre os escombros de uma mesquita, em um sábado ensolarado de primavera a igreja realizou vários casamentos do início da manhã até tarde da noite. Durante uma rica experiência de observação social, notei que os dois pequenos cafés da Piazza forneciam refrescos e instalações informais para a interação dos convidados e noivos ansiosos que chegavam mais cedo. Às vezes, os convidados que partiam se misturavam com os novos que chegavam para as câmeras da cerimônia seguinte. A Piazza era fundamentalmente tão vital quanto a Basílica para a realização das cerimônias. Quando o dia chegou ao fim e o último buquê foi lançado ao ar, camadas de pétalas dançavam no espaço e cobriam o chão em alegre celebração destacando a ligação essencial e integral entre a Piazza e a igreja no desenrolar das cerimônias.

Este ponto de alavancagem é particularmente significativo para as mulheres que vivem no ambiente estéril dos conjuntos habitacionais modernistas, onde a área externa pode ser ameaçadora e desafiadora, frequentemente caracterizada por ruas e passarelas mal iluminadas, espaços abertos sob o vento, subutilizados, solitários, perigosos e destituídos de áreas de convivência para que a comunidade possa se reunir. Assim, as pessoas se movem de um local fechado para o outro o mais rápido possível. Este ponto de alavancagem da categoria *Poder para acrescentar, mudar, evoluir e auto-organizar* diz respeito a mudanças na infraestrutura física de edifícios existentes, o que inclui ampliar as janelas, realocar portas, estabelecer vias seguras e inspiradoras entre o interior e o exterior, e instalar estruturas externas cobertas de tamanhos variados para facilitar brincadeiras, encontros informais e eventos culturais em espaços naturais que, juntos, podem reconectar as ligações rompidas entre interiores e exteriores.

Ponto de Alavancagem 29 – Promovendo o uso de bicicletas elétricas

Durante as entrevistas itinerantes, surgiram Ideias inovadoras sobre o potencial do ciclismo entre as mulheres com o uso de bicicletas elétricas (e-bikes), vistas como o futuro da micromobilidade. A noção de micromobilidade tem evoluído, mas há um amplo consenso de que inclui bicicletas, bicicletas elétricas, patinetes elétricos e os sistemas compartilhados que conectam estes dispositivos.[236] A transição da ideia de posse para a ideia de uso das bicicletas elétricas foi considerada por muitas mulheres como uma abordagem economicamente solidária e progressiva. Uma participante comentou: 'Se eu pudesse simplesmente alugar uma e-bike em vez de possuí-la', isso poderia resultar em uma distribuição mais justa de oportunidades de uso nas áreas urbanas.

As bicicletas elétricas podem nos levar mais longe empregando a mesma quantidade de energia produzida pelas pedaladas das bicicletas comuns.[237] No entanto, algumas mulheres têm dúvidas sobre a distância que podem viajar com uma única carga. A autonomia depende do tipo de e-bike utilizada (leve, dobrável, híbrida, de carga), do tamanho da bateria e se a pessoa pedala apenas usando o modo de pedal assistido ou não. Fatores como a velocidade do deslocamento, o tipo do terreno, o peso da ciclista e as condições do vento exercem uma influência sobre a distância que se pode alcançar com uma única carga. Esta é uma das razões pelas quais as mulheres sugeriram esquemas de e-bikes que ofereçam oportunidades de curto prazo, para que possam pedalar de maneira relaxada e agradável, enquanto testam até onde podem ir. Com base nessa experiência, elas podem incorporar (ou não) as e-bikes em suas rotinas diárias.

Para encorajar um uso mais abrangente da micromobilidade entre as mulheres, a localização das frotas de bicicletas é fundamental. Os sistemas *dockless* (sem estação) que dependem do travamento das próprias bicicletas, são considerados perigosos para pessoas com deficiência, pois sobrecarregam calçadas já congestionadas. Várias mulheres sugeriram colocar as frotas de e-bikes em pontos estratégicos de conexão entre transportes, centros comerciais e serviços. Por exemplo, em Perth, uma mulher argumentou a favor de colocar uma estação de e-bikes gratuitas na estação de trem e também no centro da cidade — uma rota frequente para moradores e visitantes. Outra entrevistada sugeriu a disponibilização de um mapa das rotas habituais para ciclistas, destacando as estações de recarga, para facilitar a orientação e aumentar a utilização.

Sobre o uso crescente de e-bikes de carga para transportar mercadorias, em Portobello estão em andamento discussões sobre um armazenamento coletivo para resolver o desafio de seu tamanho, e encontrar um compromisso entre o armazenamento de cargo-bikes e o estacionamento de carros. A cooperativa *Porty Community Energy* (Energia Comunitária de Portobello) oferece aos membros da comunidade a oportunidade de alugar uma Nihola Trike ou uma Urban Arrow, ambas e-bikes de carga, por um dia mediante uma contribuição mínima, com a possibilidade de emprestá-las gratuitamente e sem questionamentos.

As participantes também descreveram múltiplas razões para alugar e-bikes. Uma mulher mencionou que estava interessada em alugar uma para seus filhos; enquanto outra propôs um esquema de reciclagem: 'À medida que as crianças crescem, você devolve a bicicleta obsoleta e pega outra de tamanho maior'. Além disso, uma mãe e suas filhas defenderam esquemas de *scooters* elétricas que 'ajudam a levar você de A para B muito mais rápido que a pé'. Aumentar o acesso a e-bikes gratuitas ou gratuitas nos primeiros 30 minutos, foi percebido como uma forma de aumentar a adesão ao ciclismo entre as mulheres.

Em muitas ocasiões, as mulheres expressaram o interesse em adotar a micromobilidade como meio de transporte, mas não estavam dispostas a fazer o investimento necessário nas condições atuais. Este potencial de mudança constitui um ponto de alavancagem da categoria *Regras do sistema*, em que são oferecidas oportunidades de curto prazo para que as mulheres experimentem e testem novas opções sem precisar investir grandes quantias de dinheiro. Exemplos de sistemas que já operam nesse modelo incluem o Vélib em Paris,[238] o aplicativo Donkey Republic em Copenhagen[239] e o programa EnCicla em Medellín.[240] A mudança nas *Regras do sistema,* promovendo o uso de bicicletas rápidas e bem mantidas, estacionadas em pontos estratégicos nas cidades, fáceis de encontrar e recarregar sem que as mulheres precisem investir para utilizá-las, atende às suas aspirações e tem o potencial de expandir o uso de micromobilidade entre elas.

Ponto de Alavancagem 30 – Reformando calçadas para acomodar saltos altos

Na minha experiência, poucas mulheres realmente gostam de usar salto alto. No entanto, muitas ainda o fazem por uma variedade de razões. Este é o ponto de alavancagem da categoria *Regras do sistema* que conecta aspectos culturais e espaciais do planejamento urbano, onde a infraestrutura urbana deve ser adaptada para atender às necessidades de mobilidade das mulheres, permitindo que se locomovam confortavelmente com os sapatos que desejem usar.

Saltos altos colocam mais pressão no antepé que no calcanhar, fazendo com que o corpo se adapte à falta de equilíbrio.[241] O uso regular de salto alto pode afetar a postura, a coluna, os quadris, os músculos da panturrilha, os joelhos, tornozelos e pés. Lesões causadas por quedas com salto alto podem variar de pequenas distensões a fraturas mais sérias que exigem cirurgia, sendo que as mais graves ocorrem ao cair no chão ou escadas abaixo. Por isso, as mulheres sugeriram a adaptação das calçadas para tornar o uso de salto alto mais confortável e menos arriscado.

> O programa *Women Friendly Seoul* (Seul Amiga das Mulheres) foi introduzido como um mosaico de 90 pequenos projetos desenvolvidos pela municipalidade coreana em consulta com feministas, residentes e especialistas em estudos sobre mulheres para eliminar 'as inconveniências, a ansiedade e o desconforto por que as mulheres de Seul passam diariamente'.[242] Entre as intervenções, o programa ajudou desempregadas a encontrar trabalho, prometeu a instalação de 7 mil novos banheiros públicos femininos, expandiu os serviços de táxi com mulheres motoristas, aumentou o número de creches públicas e... pavimentou ruas para torná-las mais adequadas ao uso de salto alto. As mulheres reclamavam que seus saltos frequentemente ficavam presos nas fissuras da calçada em frente à Prefeitura. Em resposta, o município se comprometeu a repavimentar as calçadas com um material ligeiramente esponjoso que facilita as caminhadas com salto alto.

Saltos altos têm sido usados por mulheres e homens há muitos séculos no mundo inteiro. Sua invenção no século XVI é atribuída a Catarina de Médici, em Paris, que usava saltos devido à baixa estatura, mas logo se transformou em moda entre os aristocratas europeus.[243]

As mulheres contemporâneas não usam saltos apenas para parecer mais altas — mas também por elegância, atratividade, impressão profissional e como símbolos de confiança e urbanidade. Saltos são um tópico controverso dentro do debate feminista. Apesar de todas essas considerações, muitas mulheres continuam a usá-los!

De acordo com a professora Sreedhari Desai, da Universidade da Carolina do Norte, o salto alto é onipresente nos locais de trabalho e carrega significados culturais poderosos, oferecendo aos estudiosos 'uma janela através da qual podemos examinar a questão mais ampla de como a desigualdade de gênero é criada, recriada e mantida ao longo do tempo'.[244] Em sua pesquisa sobre o impacto dos saltos nas carreiras femininas, Desai descobriu que mulheres que usavam sapatos baixos eram percebidas como mais competentes e tendiam a receber melhores avaliações de suas competências, tanto de homens quanto de mulheres na faixa etária de 20 a 50 anos. O uso de salto alto não é mais considerado um sinal de que a disposição de uma mulher em suportar desconforto físico justifica sua posição no ambiente de trabalho.

Caminhar de salto alto é uma ciência que requer prática. Dar uma volta de tênis não poderia estar mais distante da experiência de passar uma noite de salto agulha — é preciso prestar muita atenção ao equilíbrio. Além disso, o ajuste dos sapatos é crucial. Na Espanha, cada mulher tem um *zapatero* de confiança — um sapateiro que lixa os saltos para garantir um ajuste perfeito. Na Itália, é comum que as mulheres usem saltos em ocasiões especiais, como casamentos, batizados e funerais. Mulheres em Seul e também aquelas que ainda usam seus saltos altos na Europa acreditam que as calçadas ao longo de rotas críticas devem ser adaptadas para suavizar o som tilintante que produzem — claque, claque, claque — enquanto se deslocam pelo ambiente urbano no dia a dia.

Ponto de Alavancagem 31- Delineando e fluindo pela infraestrutura cicloviária

Um estudo global recente descobriu que as mulheres gastam tanto tempo quanto os homens em transporte ativo.[245] Quando se trata especificamente de caminhar, as mulheres no Reino Unido saem na frente, com 58% das jornadas em Londres sendo realizadas totalmente a pé.[246] Da mesma forma, em Glasgow, elas tendem a caminhar mais do que os homens — 84% das mulheres em comparação a 80% dos homens.[247] É interessante notar, porém, que as mulheres no Reino Unido são significativamente menos inclinadas a andar de bicicleta em comparação com os homens, principalmente porque seus bairros não têm infraestrutura protegida, o que faz com que se sintam inseguras e vulneráveis.

À medida que o transporte ativo se populariza globalmente, torna-se necessária uma infraestrutura de ciclismo sensível de gênero. Encorajar o ciclismo entre mulheres não é suficiente, também precisamos viabilizá-lo. Por exemplo, há necessidade de instalações onde as mulheres que não querem chegar encaloradas e suadas depois de pedalar até o trabalho possam se refrescar. Em termos de iluminação adequada em geral, as mulheres percorrem rotas mais longas para evitar ruas que não parecem bem iluminadas. Além disso, elas só investem em bicicletas se souberem que existem bicicletários seguros em centros de transporte ativo, como estações de trem 'um lugar onde eu possa deixar a minha bike e ter certeza de que ela estará lá quando eu voltar', nas palavras de uma das entrevistadas.

O que vem primeiro: a mudança da infraestrutura ou do comportamento? Para Donella Meadows, transformar infraestruturas físicas é geralmente o tipo de mudança mais lenta e cara de se fazer em um sistema.[248] As mulheres, repetidamente, referiram-se à necessidade de 'delinear e fluir' através de ciclovias segregadas, separando as pistas de bicicletas das ruas e das calçadas. A separação física do tráfego motorizado pode encorajá-las a andar de bicicleta, reduzindo as interações com carros, algo a que muitas mulheres atribuem à sua falta de confiança. Ciclovias segregadas combinadas com ruas bem iluminadas (sem perturbar os moradores ou a vida silvestre) foram vistas como investimentos fundamentais para incentivar as mulheres a adotarem o ciclismo.

> Copenhagen é um excelente exemplo do conceito de 'delinear e fluir'. No léxico do planejamento urbano o termo 'copenhagenização' é empregado para descrever a implementação de vias segregadas para pedestres e ciclistas, que resultou em um sistema de ciclovias totalmente integrado.[249] Durante as horas de pico, mais de 60% dos dinamarqueses a caminho do trabalho ou da escola se juntam ao fluxo veloz das bicicletas nas ciclovias unidirecionais, que se estendem por 385 quilômetros da cidade.[250] Copenhagen também se destaca pelo uso das bicicletas de carga, que transportam pacotes, cães, plantas, móveis e, especialmente crianças. A cidade é famosa pela marca Christiania, desenvolvida no icônico bairro contracultural de Christiania. Um morador local criou um design inovador ao mover a carroceria de um reboque para a frente de um triciclo, permitindo contato constante entre a criança e o ciclista e tornando o transporte mais seguro e agradável.[251] Comparada a muitas cidades, Copenhagen é relativamente compacta e plana. Isso, combinado com ciclovias largas projetadas para acomodar bicicletas de carga e permitir o transporte de crianças, faz com que 26% das famílias possuam uma dessas.

O investimento e a implantação de infraestrutura cicloviária se enquadra no ponto de alavancagem da categoria *Estruturas dos recursos e fluxos materiais*. Para as mulheres, ao investir recursos em infraestrutura para incentivar o uso de bicicleta, é essencial garantir que as ciclovias segregadas alcancem o coração dos bairros, em vez de se restringirem a rotas nacionais ou áreas periféricas das cidades. Além disso, quando essas ciclovias se estendem a áreas residenciais, devem ser projetadas sem concorrência com vagas de estacionamento e contar com marcações claras como balizas ou meios-fios para assegurar a segurança das ciclistas. As participantes do meu estudo de caso na Escócia, que se atrevem a pedalar ao longo de vias escuras e sem iluminação durante os meses de inverno, destacaram também a importância de melhorar a iluminação, manter a vegetação bem cuidada e reduzir a distância entre olhos de gato.

As mulheres acreditam que o ciclismo pode ser um meio de transporte seguro, conveniente e agradável desde que uma rede de infraestrutura simples, bem iluminada e conectada seja desenvolvida e implementada. Estas demandas precisam ser respaldadas por políticas públicas sistêmicas como a 'copenhagenização' das cidades. Se estas condições forem atendidas — como devem ser — as mulheres poderão se deslocar e fluir mais livremente de bicicleta e menos de carro.

Ponto de Alavancagem 32 – Concebendo habitações intergeracionais

As pessoas estão vivendo mais do que nunca, muitas vezes bem além da idade de aposentadoria. Este ponto de alavancagem aborda o envelhecimento das populações como uma megatendência determinante em nossas cidades. Alguns chamam esse grupo demográfico de 'Geração Prateada'. De acordo com o Relatório Social Global da ONU — DESA 2023 — globalmente, um bebê nascido em 2021 tem uma expectativa média de vida quase 25 anos mais longa do que um nascido em 1950, atingindo 71 anos – com as mulheres vivendo em média cinco anos a mais que os homens.[252] A combinação de melhorias nos sistemas de saúde (incluindo vacinas e antibióticos), estilos de vida e a produtividade dos sistemas alimentares são considerados os catalisadores da longevidade humana.

Como o próprio termo sugere, as megatendências ocorrem em larga escala e se desenrolam ao longo de um período prolongado. Elas são impulsionadas por mudanças graduais, que levam décadas para revelar sua verdadeira magnitude. As megatendências são baseadas em fatos e frequentemente apoiadas por dados verificáveis, envolvendo uma combinação complexa de fatores dentro e entre os sistemas sociais, políticos, econômicos, tecnológicos e ambientais. Elas também podem ser influenciadas por eventos significativos ou extremos inesperados.

> Antes da pandemia de Covid-19, quem já tinha atingido 65 anos poderia esperar viver, em média, mais 18 anos em todo o mundo. Diferentemente das décadas anteriores, comemorar o aniversário de 80 anos agora é uma expectativa, não uma exceção.[253] Em 2020, dados do Ministério da Saúde, Trabalho e Bem-Estar do Japão revelaram que, no país, uma em cada 1.500 pessoas alcança os 100 anos de idade ou mais – e a maioria dessas pessoas são provavelmente mulheres.[254]

Este ponto de alavancagem se alinha à categoria *Regras do sistema*, e diz respeito a incentivos intergeracionais combinados com decisões de design que abordam uma população cada vez mais idosa, enquanto previnem a solidão das mulheres mais velhas. Com isto em mente, uma participante da minha pesquisa sugeriu o estabelecimento de creches e escolas próximas a lares de idosos. Mas por que fazer isso? Ela argumentou que assim que um sino da escola toca para anunciar o início das férias de verão — justamente quando tudo está amadurecendo — as hortas escolares são abandonadas e as verduras, desperdiçadas. Se os lares de idosos fossem integrados às escolas, as hortas poderiam ser melhor cuidadas. Ao longo do ano, os idosos também poderiam compartilhar suas experiências através do envolvimento com a horta escolar e, talvez, incentivar nas crianças um senso de cocriação com a natureza, o que poderia ajudar a reduzir os comportamentos disruptivos durante a adolescência e o ímpeto de controlar a natureza na idade adulta.

Tais iniciativas poderiam se inspirar no modelo alemão de casas multigeracionais (*Mehrgenerationenhaus*), onde idosos e crianças convivem em benefício de ambos. Esses arranjos de vida intergeracional recriam alguns dos laços de famílias extensas dos quais as sociedades ocidentais se afastaram nos últimos dois séculos. Prototipadas em 2006 em Salzgitter, essas casas foram concebidas para reunir sob o mesmo teto grupos que anteriormente operavam isoladamente uns dos outros — grupos de cuidados infantis, centros juvenis, grupos de apoio a jovens mães, centros de assistência diária para idosos e centros de atendimento ao cidadão. Ao consolidar os serviços sociais, uma variedade de grupos demográficos se reúne, conectando aqueles que estão começando a vida com aqueles que estão completando sua jornada. Atualmente, existem mais de 500 casas multigeracionais em operação na Alemanha.[255]

A população de Alicante na Espanha está envelhecendo. Um relatório de 2022 do Instituto Nacional de Estatística (INE) afirmou que 20.46% da população da província de Alicante tem 65 anos ou mais, e 2.8% tem mais de 85 anos.[256] Cedo pela manhã, a Playa del Postiguet, uma longa praia urbana de areia limpa, torna-se um dos locais de encontro mais populares para as mulheres idosas. Lá elas podem optar por participar de uma ampla variedade de aulas de exercícios, desde ioga até salsa. No final da tarde, o calçadão de Postiguet se transforma em um local para passeios, encontros com amigas ou para contemplar o

E se as Mulheres Projetassem a Cidade | 125

horizonte mediterrâneo. Esta é a praia mais próxima do Edifício Municipal Plaza de América, um dos projetos mais inovadores no campo da arquitetura social e habitações intergeracionais.[257] O esquema combina residência para idosos com moradia para indivíduos de baixa renda com menos de 35 anos, que participam ativamente na gestão diária do prédio como voluntários. Por exemplo, cada jovem inquilino cuida de quatro moradores idosos em seu andar. O edifício foi projetado com acessibilidade em mente para facilitar interações sociais e oferece um programa contínuo de atividades nutrindo a vida em comunidade. O programa inclui um segmento chamado 'De Volta à Terra' com jardinagem e hortas; atividades 'Da Cultura à Informação' ligadas a contação de histórias, vídeos, livros, música e jornais; eventos 'Fiesta', que reúnem a comunidade para celebrações; as oficinas 'Tecnologia em suas Mãos', que introduzem os moradores idosos às novas tecnologias; e, finalmente, atividades 'Bom Vizinho', nas quais os jovens ajudam os mais velhos com suas tarefas domésticas ou os acompanham ao médico ou à farmácia.[258] A arquitetura social e funcional do Plaza de América em Alicante, projetada pelas arquitetas Carmen Pérez Molpeceres e Consuelo Argüelles Álvarez, é provavelmente o exemplo mais interessante de arquitetura intergeracional na Espanha, facilitando e enriquecendo a coexistência entre os moradores jovens e a geração prateada.

Ao refletirem sobre a tendência de vidas mais longas e o envelhecimento nas cidades, as mulheres expressaram o desejo de estar livres das debilitações cognitivas ou físicas, enquanto experimentam e contribuem para um rico intercâmbio intergeracional de conhecimento e afeto. Uma das minhas entrevistadas compartilhou que, enquanto crescia, dependia de suas duas avós que mais tarde se tornaram dependentes dela. Essa experiência a tornou uma pessoa mais compassiva, e ela acredita que todas as crianças deveriam ter oportunidades semelhantes. Nossa crescente longevidade está ampliando os limites da experiência de vida, desencadeando uma transformação cultural silenciosa além de desafiar nossa determinação de garantir que todos acrescentem anos às suas vidas e vida aos seus anos.

Ponto de Alavancagem 33 – Coprojetando espaços com (e não apenas para) meninas adolescentes

Um estudo recente da organização *Making Spaces for Girls* (Criando Espaços para Meninas) no Reino Unido revelou que muitos parques, equipamentos de recreação e espaços verdes para adolescentes são predominantemente projetados para um público masculino.[259] O foco geralmente está em parques de skate, pistas de bicicross e instalações para esportes competitivos, deixando pouca provisão para as necessidades e preferências específicas das adolescentes.

Este ponto de alavancagem envolve o *codesign*, que enfatiza a criação de projetos em parceria *com* as meninas, em vez de simplesmente *para* elas. Para alcançar este objetivo, é essencial compreender o que torna as adolescentes de hoje únicas e as forças culturais que influenciam suas experiências. Conhecida como Geração Z ou 'iGens' termo cunhado pela psicóloga social Jean M. Twenge,[260] esta geração foi profundamente influenciada pelas tecnologias digitais, pela ansiedade climática e pelos confinamentos pandêmicos. Embora a associação deste grupo etário com iPhones seja mais comum no Norte Global, é inegável que smartphones e redes sociais exercem um impacto significativo na vida das adolescentes em todo o mundo. Vale notar que essa conectividade virtual pode prejudicar as amizades no mundo real e a capacidade delas se engajarem plenamente com o mundo ao seu redor.

Este ponto de alavancagem destaca a crescente necessidade da cocriação de espaços ao ar livre não especializados onde meninas adolescentes possam se encontrar e explorar o mundo além das telas. Neste contexto, o processo de design colaborativo convida as meninas a contribuir com ideias para a estruturação destes espaços em parceria com urbanistas e arquitetos. Aqui, os especialistas são desafiados a expandir sua capacidade de escuta generativa, em vez de funcionalmente prescreverem espaços e atividades que podem não fazer sentido para a Geração Z. Este é um ponto de alavancagem da categoria *Fluxo de informação,* no qual um circuito de informação é criado por meio de processos participativos, promovendo mudanças de comportamento tanto entre adolescentes quanto entre designers.

> O parque Bredäng, localizado em um subúrbio modernista de Estocolmo com o mesmo nome, é um excelente exemplo de intervenção urbana cocriada com meninas adolescentes. Originalmente o local era dominado por um campo de futebol, utilizado principalmente para eventos esportivos voltados para meninos e homens. Com base na evidência de que a maioria dos jovens suecos não pratica atividades físicas diárias suficientes (uma tendência particularmente preocupante entre meninas adolescentes), os paisagistas da Nivå Landskapsarkitektur formaram grupos focais com meninas para descobrir que tipo de estruturas as incentivariam a utilizar e se engajar mais com o parque.[261] Através de uma série de workshops, o grupo de codesign desenvolveu um projeto para espaços recreativos de uso misto, com o objetivo de incentivar a atividade física espontânea de forma mais ampla. A inclusão de uma pérgola e um palco com arquibancada contribuiu para a criação de uma paisagem que pode ser utilizada ao longo de todo o dia e em todas as estações. Bem iluminado e equipado com alto-falantes Bluetooth, o parque permite que as usuárias desfrutem de sua própria música, promovendo um espaço para dança improvisada, brincadeiras e esportes livres onde elas podem passar tempo juntas.

Cada geração de adolescentes é moldada pelas forças culturais, ambientais e políticas de sua época — e a Geração Z não é exceção. Este grupo está intensamente preocupado com o aquecimento global e com as ações que busquem enfrentar este desafio e restaurar o planeta. Ao mesmo tempo é uma geração imersa no mundo virtual e no uso intensivo das telas. Este ponto de alavancagem aborda o codesign de espaços urbanos permitindo que as meninas aprofundem sua conectividade ecológica e conexões sociais e pratiquem sua imaginação espacial.

8 | Superando a Desigualdade de Gênero no Planejamento Urbano

'O planejamento espacial existe
graças a uma boa narrativa.'
~ Zef Hemel ~

Minha pesquisa envolveu 274 mulheres ao longo de seis meses com entrevistas itinerantes, cada uma única em suas revelações. Todas as conversas começaram com a pergunta inicial: 'O que é único em seu bairro?' A partir daí, as participantes tomaram todas as decisões, incluindo a rota percorrida, a duração da entrevista, o ritmo da caminhada e o que queriam mostrar e compartilhar. Elas mantiveram controle do processo de pesquisa e foram convidadas a assumir o papel de especialistas de suas regiões. Algumas adaptaram a rota para se adequar ao seu dia a dia — como durante uma caminhada diária junto à natureza, uma ida ao correio ou a caminho da escola dos filhos

Os insights das participantes foram organizados em 33 pontos de alavancagem que abrangem desde modelos mentais até melhorias na infraestrutura, passando por ciclos de feedback e redirecionamento de fluxos materiais. Antes de ativar esses pontos de alavancagem e transformá-los em políticas e práticas, precisamos nos preparar para a jornada, tomando uma decisão coletiva e despertando para três conscientizações.

A decisão envolve a intenção de não usarmos um mapa antigo para explorar um novo território. Ou seja, apesar de historicamente as cidades terem utilizado o perfil de um homem branco adulto sem necessidades especiais como referência para o planejamento espacial, aqui não adotamos uma perspectiva de soma zero, onde o protagonismo das mulheres no planejamento urbano resultaria em perda de espaço para outros gêneros — mais especificamente para os homens.

O novo mapa que estamos criando está alinhado ao mutualismo coevolutivo, enraizado no desejo de inclusão, na incorporação do cuidado e no reconhecimento da complexidade dos sistemas urbanos. Mutualismo coevolutivo, neste contexto, significa o envolvimento e a escuta de todas e todos que têm interesse no sistema, em um diálogo reflexivo e generativo que encoraja a aprendizagem coletiva.

Defendo aqui a ampliação intencional dos horizontes liderados por especialistas em planejamento urbano na escuta de pessoas com perspectivas diferentes, até mesmo opostas às nossas. Na ampliação desses horizontes, emergem novas linhas de trabalho coevolutivas que fazem com que cidades funcionem melhor para crianças, idosos, pessoas com diferentes níveis de habilidades e identidades de gênero. Viver com sucesso em um mundo de sistemas urbanos complexos significa trabalhar pelo bem viver de todos.

Primeira Conscientização – A transição vai acontecer

Diante da rápida urbanização da população humana, o grande desafio de design da nossa geração é descobrir como as cidades podem funcionar de forma interdependente para as pessoas, a vida silvestre e os ecossistemas. As cidades do futuro se tornarão inteligentes, eficientes, verdes ou justas? Centenas de cenários estão sendo projetadas por *think tanks*, urbanistas, cientistas do clima, geógrafos, futuristas, economistas e analistas de *big data*. Esse esforço tem gerado uma multiplicidade de modelos urbanos denominados cidades sustentáveis, cidades ecológicas, cidades verdes, cidades inteligentes, cidades biofílicas, cidades suaves, cidades de emissão zero, cidades neutras em carbono, cidades feministas, entre muitas outras.

Podemos sintetizar estes múltiplos cenários em dois: a transição é inevitável, podemos projetá-la ou nos tornarmos suas vítimas. Este livro reafirma o papel crucial das mulheres no design das transições urbanas. Entendemos o design como um processo coletivo de visualização, reflexão, concepção e criação de novos caminhos para redese-

130 | E se as Mulheres Projetassem a Cidade

nhar nossa presença humana no planeta, especialmente nos ambientes urbanos. Mas qual mentalidade deve guiar esse esforço essencial de design? Isso nos leva a uma segunda conscientização relacionada à direção a seguir.

Segunda conscientização – Redefinindo a direção a seguir

Perseguir meramente a sustentabilidade não é suficiente. Como podemos sustentar algo que já foi perdido? Sistemas vivos e ambientes urbanos se tornaram vítimas dos nossos estilos de vida de alto consumo e das nossas economias de crescimento linear. Ao adotar uma perspectiva regenerativa, introduzimos deliberadamente mais vida, vitalidade e viabilidade em nossos ambientes urbanos, garantindo que eles possam coevoluir com os sistemas ecológicos ao longo do tempo.

Ao questionar a teoria da mudança que guia a sustentabilidade (que busca apenas tornar os problemas menos graves), abandonamos a mentalidade de 'resolução de problemas'. Em vez disso, adotamos a noção de potencial enraizada na singularidade bio-cultural-espacial de cada lugar. Assim, a segunda conscientização direciona o olhar coletivo para o que é forte, e não para o que está errado. A partir daí, desenvolvemos linhas de trabalho regenerativas que se originam do que é local e singular. Por meio de redes de proximidade em bairros conectados, as pessoas substituem um modo de vida transacional por um relacional, criando um senso de motivação coletiva.

Terceira conscientização – Elucidar os papéis femininos

Intrínseco à minha investigação estava o desejo de criar espaço para que as mulheres elucidassem os papéis que já desempenham ou estão preparadas para assumir ao redesenhar formas e valores codificados em um ambiente urbano centrado na experiência dos homens. 'Elucidar' vem do latim *lucidus*, que significa lúcido, derivado do verbo *lucēre*, que significa brilhar.[262] Neste contexto, elucidar significa lançar luz sobre os papéis que as mulheres estão prontas

E se as Mulheres Projetassem a Cidade | *131*

para assumir como protagonistas nas realidades urbanas, facilitando a visualização e o enfrentamento dessas realidades.

Em geral, as mulheres como designers regenerativas não estavam interessadas em administrar a entropia de sistemas decadentes e solucionar problemas urbanos, um de cada vez. Em vez disso, viam as cidades como um veículo para a sua emancipação, criando uma variedade de novas oportunidades profissionais para grupos ou mulheres individualmente. Os títulos dos papéis específicos — livres da reprodução de estereótipos de gênero — falam por si. Relacionados ao senso de lugar, elas identificaram papéis como de Designers para Inclusão, Engajadoras de Novos Vizinhos, Facilitadoras Comunitárias, Disseminadoras de Gentileza, Criadoras de Agendas e Maximizadoras das Bordas. Relacionados aos espaços verdes surgiram papéis como Cultivadoras de Alimentos Locais, Promotoras de uma Ética de Cuidado, Designers de Corredores Naturais, Educadoras de Aventura ao Ar Livre, Empreendedoras de Medicina Natural, Voluntárias de Locais Silvestres e Mobilizadoras de Recursos.

Para as mulheres, a agenda de transporte ativo pode ser avançada através de papéis como Promotoras de Evaporação do Tráfego, Consultoras de Usuários, Promotoras do Ciclismo Confortável, Advogadas por Limites de Velocidade Máxima e Promotoras de Mudanças na Cultura de Transportes. No que diz respeito à segurança, os papéis identificados incluem Desconstrutoras de Estereótipos de Gênero, Facilitadoras de Diálogos não Acusatórios, Criadoras de Redes de Segurança, Promotoras de Olhos nas Ruas, Orientadoras sobre Empatia e Consentimento, Educadoras de Meninos e Homens e Defensoras do Direito ao Entretenimento Noturno.

Se não conseguirmos imaginar o futuro que queremos criar nunca chegaremos lá. Então, se acordássemos em uma manhã, em uma cidade onde as mulheres tivessem assumido todos esses papéis devidamente remunerados, como seria? Como nos sentiríamos? E como esta cidade funcionaria?

Se as mulheres projetassem a cidade...

Se as mulheres projetassem as cidades, elas seriam mais verdes e em sintonia com os ciclos naturais. A biodiversidade seria celebrada com a instalação de paredes vivas, telhados verdes e miniparques, todos interligados por corredores verdes onde as pessoas poderiam desfrutar do ar puro e a vida silvestre, se mover mais livremente pela cidade. Haveria ênfase no plantio de árvores frutíferas, paisagens comestíveis e no verdejamento de cruzamentos e intersecções, com moitas e arbustos que serviriam tanto como proteção quanto como ambiente para estimular a presença de pássaros. Hortas e atividades de cultivo de alimentos estariam espalhadas por toda a cidade, em escolas onde as crianças pudessem aprender sobre plantas, em caixas de ervas aromáticas que poderiam ser colhidas por qualquer pessoa, em jardins de varanda otimizando pequeno espaços e jardins de vizinhança promovendo a interação comunitária.

Os espaços verdes seriam mais exuberantes e coloridos, com jardins dedicados a flores que poderiam embelezar casas e espaços comunitários, além de jardins aromáticos cultivados para estimular os sentidos de todos, incluindo idosos e pessoas com deficiência. As mulheres seriam incentivadas a secar roupas em espaços comunais e as mães, a se exercitarem com carrinhos de bebê. Parques de recreação integrados à comunidade incentivariam as crianças a explorar seus limites e a brincar de forma aventureira com colegas e cuidadores. A extensão dos terrenos disponíveis para recreação seria distribuída de forma equilibrada, com áreas especiais para que meninas convergissem e desenvolvessem sua compreensão do mundo, e espaços dedicados à prática de esportes competitivos. Em termos de infraestrutura, haveria esquemas de iluminação sensíveis à vida silvestre, mesas de piquenique, estações de reciclagem e banheiros acessíveis. A riqueza dos espaços costeiros, matas ciliares, rios e riachos seria admirada e respeitada na diversidade de espécies aquáticas. Finalmente, os espaços verdes ofereceriam uma experiência de ambientes prósperos, apoiando uma cultura onde aqueles que cuidam dos parques seriam bem remunerados e os voluntários, reconhecidos, valorizados e empoderados.

Se as mulheres projetassem a cidade, haveria uma diversidade de espaços sociais de encontro, externos e internos, cuidados e gerenciados pelos próprios moradores. Um novo sopro de vida revitalizaria prédios vazios e esquecidos, que seriam utilizados para acolher novos grupos e iniciativas, enriquecendo assim a diversidade cultural. As cidades seriam orientadas para as pessoas, reforçando as identidades locais, alimentando o senso de igualdade e valorizando todas as vozes em consultas genuinamente democráticas. Os espaços públicos seriam projetados para integrar diferentes habilidades e criar condições para a interação entre gerações, do mais jovem ao mais idoso. Essa abordagem seria também implementada através de moradias transgeracionais disponíveis em todos os distritos. Em paralelo, creches seriam construídas próximas aos lares de idosos e estabelecimentos de cuidados assistidos, promovendo uma vida mais comunitária e oferecendo alternativas ao isolamento de quem vive sozinho. Haveria um maior foco no bem-estar ao longo da vida, com oportunidades para crianças e jovens transitarem da brincadeira para o esporte e o empreendedorismo social. Atividades comunitárias permitiriam que as pessoas se reunissem e criassem laços de pertencimento sem necessariamente gastar dinheiro. Alternativamente, cafés e restaurantes independentes ofereceriam espaços para fomentar relações de vizinhança e fortalecer a economia local. Haveria mais arte em exibição, com beleza e criatividade expressas através de eventos culturais, concertos, festivais e atividades ao ar livre amplamente divulgadas por meio de painéis de informações públicas. Além disso, cuidados holísticos de saúde e uma clínica feminina ofereceriam serviços para as mulheres em todas as fases da vida, sem alto custo. De modo geral, as pessoas vivenciariam um maior senso de cuidado umas com outras e com sua cidade.

Se as mulheres projetassem a cidade, a segurança seria uma prioridade efetiva. A vigilância natural seria enfatizada, assim como uma boa iluminação interativa e o manejo da vegetação para oferecer visibilidade às mulheres e benefícios à vida silvestre. Círculos e redes de mulheres responsáveis pela vizinhança vigiariam e aplicariam políticas de tolerância zero para impedir a violência contra elas. Leis antimisoginia não só seriam reconhecidas por todos, mas também rigorosamente aplicadas, deixando claro que o assédio não seria aceito como brincadeira. Guardas comunitários com funções bem definidas teriam uma presença visível, assegurando que todas as pessoas se sentissem protegidas. As mulheres, então, desenvolveriam confiança na cidade e se sentiriam empoderadas para trilhar rotas sinuosas sem o receio de virar na esquina errada. Câmeras de monitoramento seriam instaladas em pontos de ônibus, bicicletários e zonas com potencial de incidentes como as portas de bares. E mais: as mulheres seriam melhor representadas nas decisões de design e planejamento urbano relacionadas a medidas de segurança, o que ajudaria a otimizar os investimentos em infraestrutura para atender as necessidades de segurança de toda a população. Aulas gratuitas de autodefesa seriam disponibilizadas para todas que desejassem.

Se as mulheres projetassem a cidade, seria mais fácil para elas se deslocarem, pois teriam contribuído para seu design e garantido sua funcionalidade. Caminhar e andar de bicicleta seriam as opções de transporte preferidas, e as ruas seriam devolvidas às pessoas. Em vez de pedestres e ciclistas terem que contornar os carros, estes teriam vias específicas onde seriam autorizados a trafegar. Também haveria mais tempo para atravessar nos semáforos e menos predominância dos carros. Na verdade, os carros seriam vistos como convidados. Assim, a cidade se moveria em um ritmo mais lento; as ruas seriam menos agitadas e o ar, livre de partículas poluentes. Haveria mais pontos de recarga para veículos elétricos em áreas bem iluminadas e menos dependência de combustíveis fósseis, com zonas de baixa emissão espalhadas por toda a cidade se tornando a norma. As ciclovias seriam bem iluminadas e envolveriam os ciclistas no design. Esquemas de aluguel de e-bikes e bicicletas de carga estariam disponíveis para transportar compras, itens de bricolagem e crianças. Calçadas mais largasse amplamente pedestrializadas ofereceriam fácil acesso para cadeiras de rodas, *scooters* elétricas e carrinhos de bebê. As vias seriam esteticamente agradáveis e embelezadas, encorajando as pessoas a dirigir menos para acessar suas necessidades diárias como lojas, mercados, peixarias e cafés.

Sistemas de transportes a preços módicos (ou gratuitos para quem precisa) apoiariam as viagens encadeadas e carregadas, conectando modos de transporte através de hubs de transferência com acesso seguro. Itinerários de ônibus seriam capilarizados, garantindo conexão com locais de encontro, convergência e comunhão.

Espacialmente, as coisas seriam mais próximas, permitindo que as mulheres transitassem mais suavemente entre os papéis de profissional, mãe e filha, sem deslocamentos extensivos. Isso envolveria o estabelecimento de hubs locais de trabalho em vez da dependência de um centro de cidade que concentra todas as atividades. A arquitetura seria mais interessante, refletindo diferentes estilos de design e as necessidades das pessoas, em vez de estruturas entediantes, monótonas e ordinárias. Os prédios provavelmente seriam mais baixos do que altos, práticos e projetados levando em conta como as pessoas interagem com o espaço na perspectiva dos jovens, idosos e pessoas com deficiência. Novas casas seriam equipadas com painéis solares e isolamento térmico sustentável. Edifícios ofereceriam espaço suficiente para reuniões comunitárias, e as crianças seriam cuidadas e observadas pela vizinhança ao longo das ruas. Intervenções simples como calçadas projetadas com superfícies lisas para acomodar carrinhos de bebê e cadeiras de rodas, assegurando melhor mobilidade, seriam o padrão.

Se as mulheres projetassem a cidade, a mentalidade de linhas retas e rigidez seria significativamente reduzida. As cidades se tornariam lugares onde as pessoas poderiam caminhar sem destino, descobrindo algo novo e inesperado, e ao mesmo tempo se sentir seguras ao percorrer caminhos diretos. Praças e alamedas seriam bem iluminadas, com bancos caprichosamente mantidos e convidativos, alguns voltados para outros e projetados para o conforto. Haveria mais banheiros acessíveis estrategicamente localizados, além de mais instalações para troca de fraldas e espaços para amamentação. As decisões de design adotariam o protocolo da neutralidade de carbono, com atenção ao aumento do nível do mar e as disrupções climáticas. Seriam incentivados, por exemplo, caminhos que geram eletricidade, a instalação de fontes de água espalhadas e a reutilização de materiais locais. Acima de tudo, as cidades teriam mulheres cada vez mais representadas em nomes de ruas e formas de arte.

Não existe uma imagem única da cidade ideal projetada por mulheres, mas sim um mosaico de visões enriquecido por elas próprias e coevoluído por moradores, urbanistas, formuladores de políticas públicas, empreendedores, comerciantes e comunidades. Estimular a igualdade de gênero é uma tendência fundamental do século XXI e um aspecto essencial do bom urbanismo. Este é um convite aberto para a nossa geração de mulheres e aquelas do futuro, para abraçar as perspectivas emocionantes, liberadoras e sem precedentes que surgem das cidades que funcionam para todos.

9 | Posfácio: Narrativas

*'Cada palavra que uma mulher escreve muda a
história do mundo, revisa a versão oficial.'*
~ Carolyn See ~

A Narrativa de Perth

Perth é uma cidade encantadora no coração da Escócia, situada às margens do rio Tay — o maior em volume de água do Reino Unido. O Tay sempre foi um elemento significativo na rica história de Perth, com evidências arqueológicas sugerindo a presença humana nas proximidades das travessias do rio desde o período Mesolítico, há cerca de 8 mil anos.

Perth é uma cidade medieval murada, com um centro relativamente compacto e uma mistura de arquitetura medieval, georgiana e vitoriana.[263] Embora preserve uma parte significativa de seu ambiente histórico construído, a cidade também serve como um vibrante centro comercial e cultural para os habitantes das cidades vizinhas e zonas rurais.

A importância histórica de Perth está profundamente enraizada nas lutas pela independência escocesa e nas complexas relações entre os clãs das Highlands (Terras Altas). Era tradição que os monarcas escoceses fossem coroados em Perth, onde a Pedra de Scone (também conhecida como a Pedra do Destino) servia como um símbolo antigo da realeza, testemunhando a ascensão ao trono de muitos reis. A pedra foi confiscada pelo Rei Edward I da Inglaterra em 1296 e só devolvida oficialmente à Escócia em 1996. Até hoje, é tradição que os monarcas sejam coroados na sua presença, como ocorreu recentemente com o Rei Charles III.

Mulheres conhecidas, desconhecidas e fictícias enriqueceram os capítulos da história de Perth. Uma das mais famosas é Catherine Glover, a heroína do romance *The Fair Maid of Perth* (A Formosa Donzela de Perth), escrito por Sir Walter Scott em 1828. Ela é re-

138 | E se as Mulheres Projetassem a Cidade

tratada como uma figura idealizada de graça, beleza e virtude, incorporando qualidades frequentemente celebradas nas mulheres da época.[264]

Perth foi palco de um importante protesto das sufragistas no início dos anos 1900, ocorrido para denunciar o tratamento cruel que as companheiras prisioneiras receberam na prisão da cidade, onde foram submetidas à alimentação forçada para neutralizar sua estratégia de greve de fome. Mais tarde, em 1914, em um evento supostamente não relacionado, sufragistas atacaram a Pedra do Destino e a cadeira da coroação em Westminster Abbey em protesto pelos direitos das mulheres.[265] Usando táticas militantes, elas explodiram uma bomba que danificou o topo da cadeira e desprendeu pequenas partículas da pedra.[266]

Durante a Primeira Grande Guerra, as mulheres de Perth desempenharam um papel significativo no esforço de guerra. Enquanto muitas enfermeiras cuidavam de soldados feridos no Perth War Hospital, Jean Valentine se destacou como operadora dedicada da máquina Bombe. A Bombe desempenhou um papel crucial na decodificação do código Enigma, usado pelas forças alemãs, revelando detalhes diários de criptografia e permitindo que as mensagens fossem interceptadas e decodificadas. Jean Valentine, junto com muitas de suas colegas, manteve seu esforço de guerra em segredo até meados da década de 1970.[267]

Perth está se preparando para o retorno da Pedra do Destino, um dos objetos históricos mais icônicos da Escócia. A notícia do seu retorno foi recebida com entusiasmo, pois espera-se que atraia inúmeros visitantes à região, impulsionando o turismo. A rica história de Perth serviu como pano de fundo para as entrevistas itinerantes que conduzi com 99 mulheres da cidade.

A Narrativa de Portobello

Portobello repousa na costa leste da Escócia, a cerca de seis quilômetros do centro de Edimburgo. O bairro possui uma identidade costeira distinta, com um centro urbano próprio, uma área residencial, um calçadão (Promenade) à beira-mar e uma praia recuperada e aprimorada.

O nome de Portobello deriva do porto histórico de Puerto Bello no Panamá[268], capturado em 1739 pelos britânicos em uma famosa batalha. George Hamilton, um marinheiro que participou do conflito, construiu uma cabana perto de Edimburgo chamada 'Portobello Hut', que se tornou um ponto de parada para viajantes e deu origem ao pequeno assentamento de Portobello na década de 1750.[269]

Portobello foi designada como uma área de conservação extraordinária devido à sua rica e variada arquitetura georgiana, vitoriana e eduardiana.[270] Enquanto o calçadão sem veículos reforça o caráter de estância costeira com cafés, restaurantes e arcadas de diversões, a High Street é o centro comercial da área. O restante do bairro constitui a zona residencial com elegantes vilas que contribuem para o caráter suburbano arborizado.

Muitas mulheres notáveis viveram em Portobello ao longo dos anos — algumas amplamente conhecidas e outras nem tanto. Lucy Bethia Walford, nascida em 1845, foi uma escritora e artista prolífica, famosa por seus romances e obras de arte exibidas na Real Academia Escocesa.[271] Helen Hopekirk, nascida em 1856, foi uma pianista e compositora notável, conhecida por incorporar a música folclórica escocesa em suas composições.[272] Marion Grieve, uma proeminente sufragista escocesa, ganhou renome por seu apoio às organizações beneficentes de Portobello durante a guerra.[273] Ela também é lembrada por coletar pedras da praia e carregá-las na bolsa quando ia aos protestos.

Portobello foi designado como burgo por um ato do Parlamento em 1833 e, sessenta anos depois, tornou-se parte de Edimburgo. A população aumentou drasticamente ao longo das décadas devido a várias ondas de atividades econômicas, como o estabelecimento de fábrica de tijolos, vidro e cerâmica, além da descoberta de poços minerais.[274] O auge do bairro como balneário foi no final do século XIX. Hoje, Portobello vive uma onda de ressurgimento — como narrado pelas 43 mulheres durante as entrevistas itinerantes.

A Narrativa de Wester Hailes

Wester Hailes é um conjunto habitacional localizado a seis quilômetros a sudoeste do centro de Edimburgo. Construído sobre 120 hectares de antigas terras agrícolas, a área foi substancialmente desenvolvida no final dos anos 1960, uma época em que o planejamento modernista e os arranha-céus de alta densidade estavam no auge.

Na pressa para desenvolver soluções funcionais de design, foram feitas concessões, tanto nos projetos quanto nos materiais de construção das moradias — concessões que, em retrospectiva, não puderam ser perdoadas.[275] As condições desafiadoras de vida do empreendimento original despertaram um espírito comunitário rebelde, com os moradores enfrentando problemas como umidade interna, isolamento acústico deficiente, vazamentos das sacadas e inundações súbitas. O espaço público não era menos desafiador, caracterizado por ruas e passarelas mal iluminadas e espaços abertos fustigados pelo vento, desolados e perigosos, destituídos de áreas de convivência onde a comunidade pudesse se reunir.

Durante esse período, os moradores, especialmente as mulheres, lutaram por espaços que permitissem encontros e a oferta de serviços. Orgulhosamente, as mulheres destacaram sua história de ativismo social, especialmente quando os canais oficiais não atenderam suas demandas. A comunidade então tomou a iniciativa e construiu sete cabanas, dentre elas *The Harbour* (O Porto), na década de 1970, um espaço para mulheres se refugiarem, compartilharem habilidades e estarem juntas.

Wester Hailes é notável por suas grandes áreas de espaço verde, incluindo Hailes Quarry Park e Westburn Woods. A maioria dos bosques está situada ao longo das veredas ou em áreas mais afastadas. Embora esses locais sejam importantes para a biodiversidade e a captura de carbono, muitas vezes não são acessíveis aos moradores.[276]

Wester Hailes enfrenta atualmente o desafio de integrar vários esforços de regeneração de curto e longo prazos, liderados por diferentes atores e coletivos nos níveis comunitário, municipal e nacional. Dentro do fluxo contínuo de declínio e revitalização da região, meu estudo convidou 58 mulheres que representam gerações de

E se as Mulheres Projetassem a Cidade | 141

agentes de mudança social a considerar até que ponto essas iniciativas estão realmente enraizadas nas realidades práticas de suas vidas cotidianas.

A Narrativa de Drumchapel

Drumchapel é um dos 'Quatro Grandes' projetos habitacionais sociais pós-guerra em Glasgow. Todos são semelhantes em termos de arquitetura e planejamento, e tendem a enfrentar uma gama similar de problemas sociais persistentes, como comportamento antissocial e degradação das habitações mal construídas.

Projetado para abrigar 34 mil pessoas, o conjunto seguiu as tendências modernistas da arquitetura da época, com planejadores imaginando uma região autossuficiente com seu próprio centro urbano, lojas, escolas, igrejas, espaços abertos e serviços comunitários para atender aos residentes. Porém, nada disso aconteceu no cronograma previsto.[277] Na realidade, com opções de transporte restritas e uma falta de amenidades, comércio ou *pubs*, os residentes experimentaram desde o início um isolamento físico do centro de Glasgow, o que pavimentou o caminho para um processo gradual de 'internalização da estigmatização'.[278]

Entre as décadas de 1950 e 1970, enquanto os homens trabalhavam para as grandes multinacionais e nos diversos estaleiros no Clyde, as mulheres orquestravam suas vidas no que uma vez foi descrito como 'um deserto com janelas'.[279] Em filme de 1898 intitulado *Drumchapel, the Frustration Game* (Drumchapel, o Jogo da Frustração), uma mulher descreveu as condições de vida confessando que 'ninguém ficaria aqui por escolha'. Com a chegada da recessão na década de 1970 e a partida das multinacionais, uma enorme onda de desemprego agravou a crise social na região, causando um impacto desestabilizador na comunidade e no comércio local. Isso foi seguido por políticas intervencionistas recorrentes e esforços contínuos de regeneração urbana que repetidamente careciam de representatividade da comunidade.

Drumchapel possui diversos espaços verdes como o Drumchapel Park, Garscadden Burn Park (Sítio de Importância para a Conservação da Natureza) e Garscadden Wood, com rica biodiversidade, trilhas e caminhos. Vastas áreas de vegetação também são encontradas a sudoeste da região, embora sem instalações adequadas ou infraestrutura para visitantes. A iniciativa de horta comunitária Growchapel aborda questões de saúde mental e comportamentos antissociais, ao mesmo tempo em que fortalece laços sociais através do cultivo coletivo de alimentos.

O conjunto habitacional tem enfrentado o impacto de uma mina que passa diretamente sob as áreas residenciais e vias de trânsito, contribuindo para enchentes recorrentes que afetam as casas e os negócios locais.[280] Drumchapel é frequentemente citado em debates locais e nacionais como um conjunto habitacional periférico que lida com a pobreza e problemas sociais significativos, caracterizado pela deterioração das habitações mal construídas no pós-guerra. Meu estudo buscou ouvir as experiências de 44 mulheres sobre o que torna Drumchapel singular. Para elas, Drumchapel não é um problema a ser resolvido por experts.

A Narrativa de Yorkhill & Kelvingrove

Yorkhill & Kelvingrove é uma área localizada no extremo oeste de Glasgow, conhecida por congregar grupos voluntários de residentes que promovem os interesses do bairro sob a coordenação do Conselho Comunitário local. Enquanto Yorkhill é notável por seus hospitais conceituados tanto do passado como do presente, Kelvingrove é famoso por um parque vitoriano, o Kelvingrove Park, e pelo Kelvingrove Art Gallery e Museum, um centro da memória cultural e das contemporaneidades da cidade.

O Kelvingrove Park, situado no coração do bairro, serve como ponto de encontro de moradores e visitantes, rota para pedestres e ciclistas e recanto favorito dos estudantes da Universidade de Glasgow. Além de ser um importante espaço verde, o parque faz parte de um corredor ecológico que conecta outras áreas ao longo do rio Kelvin, oferecendo um importante habitat para a vida silvestre e facilitando a passagem de muitas espécies como martins-pescadores, esquilos cinzentos, raposas vermelhas e ratos gabirus.

E se as Mulheres Projetassem a Cidade | *143*

Em termos do ambiente construído, Kelvingrove faz parte da área de conservação de Kelvingrove Park, considerada de especial interesse arquitetônico ou histórico, com muitas de suas casas e habitações datadas de meados do século XIX reconhecidas como patrimônio.[281] A região também abriga diversas organizações religiosas e institucionais, como os templos Om Hindu Mandir e Gurdwara Singh Sabba, a mesquita Baitur Rahman, além da Tron Church e da Escola Gaélica de Glasgow.

A área aspira se tornar uma *Cycling Village* (Aldeia de Ciclistas) e a comunidade mais acessível da Escócia, incentivando mais pessoas a caminhar e pedalar em suas jornadas diárias de curta distância.[282] Além de promover ruas e espaços mais saudáveis para todos, o projeto *Cycling Village* está alinhado com o plano estratégico da Prefeitura de criar uma rede de transporte ativo que abranja toda a cidade.

Nos últimos anos, Yorkhill & Kelvingrove passou por um processo de gentrificação, transformando-se de bairro desfavorecido em uma área 'promissora'. Com o notável aumento no número de visitantes, a expansão da construção de moradias estudantis e um recente boom nos negócios locais, Yorkhill & Kelvingrove está se tornando um dos lugares mais desejáveis para se viver em Glasgow. Além disso, a área testemunha o florescimento de uma vibrante cena artística, com numerosos artistas independentes contribuindo com intervenções criativas. As 30 mulheres entrevistadas refletiram sobre os diferentes cenários relacionados à reurbanização da área hospitalar. Algumas expressaram o desejo por iniciativas de coabitação para manter famílias na área, reduzir a rotatividade populacional, minimizar a gentrificação e fortalecer o senso de comunidade.

Glossário de termos

Antropocêntrico: Conceito que coloca os seres humanos no centro ou como o foco principal das considerações e valorizações. Trata-se de uma visão que prioriza os interesses, necessidades e bem-estar humanos, muitas vezes em detrimento do bem-estar de outras espécies ou do meio ambiente.

Desagregação de dados: Processo de separar ou dividir dados em categorias ou componentes distintos para fins de análise ou apresentação.

Desenvolvimento regenerativo: Processo de harmonização das atividades humanas com a contínua evolução da vida em nosso planeta – um processo que também visa desenvolver nosso próprio potencial como seres humanos. Como uma abordagem prática, busca capacitar as comunidades humanas a se alinhar de forma vivificante com os sistemas naturais que as sustentam.

Espaço azul: Ambientes ao ar livre, naturais ou construídos, que destacam corpos hídricos. Inclui rios, lagos, lagoas, reservatórios, canais, cachoeiras e até áreas costeiras como praias e litorais.

Espaço verde: Qualquer área de vegetação, urbana ou rural. Esses espaços podem ser intencionalmente projetados ou ocorrer naturalmente e servem a vários propósitos, incluindo apoio à biodiversidade, recreação, ecologia e estética. Espaços verdes podem assumir várias formas, como parques, jardins, bosques, reservas naturais, campos recreativos e hortas comunitárias.

Esquema de Acesso-Regresso-Transferência: Estratégia de transporte que assegura acesso conveniente, entrada e saída tranquilas e transferências integradas entre diferentes modos de transporte, proporcionando uma experiência de viagem eficiente e conectada.

Mutualismo coevolutivo: Relação simbiótica em que duas ou mais espécies evoluem juntas, beneficiando-se mutuamente de maneira vantajosa.

Objetivos de Desenvolvimento Sustentável da ONU: Um conjunto de metas globais estabelecidas pelas Nações Unidas para enfrentar desafios sociais, econômicos e ambientais incluindo pobreza, desigualdade, mudança climática, degradação ambiental, paz e justiça e promover o desenvolvimento sustentável em todo o mundo.

Reflexividade: Processo de refletir sobre si mesmo, suas próprias ações e suposições. Envolve a conscientização e o exame crítico das próprias perspectivas, preconceitos e influências em relação a uma situação ou contexto específico.

Segurança percebida: Avaliação subjetiva ou sensação de estar seguro ou protegido em um determinado ambiente ou situação. Esta percepção baseia-se nos sentimentos, crenças e julgamentos pessoais sobre o nível de segurança ou perigo que se percebe, independente do risco real.

Tokenismo: Política ou prática de realizar esforços mínimos ou simbólicos para incluir membros de grupos sub-representados, com o objetivo de criar uma aparência de diversidade ou inclusão, sem realmente abordar as questões mais profundas de desigualdade ou discriminação.

Transporte ativo: Modalidade de transporte que utiliza a própria energia para se locomover. Isso geralmente significa caminhar, andar de bicicleta e utilizar patinetes não motorizados para deslocamentos diários e recreativos.

Categorização dos 33 Pontos de Alavancagem

	Pontos de Alavancagem	Locais onde Intervir	Categoria
1	Cultivando a biofilia	Mentalidade	Modelos Mentais
2	Desenvolvendo espaços para encontros e pertencimento	Poder para acrescentar, mudar, evoluir ou auto-organizar a estrutura do sistema	Estrutura do Sistema
3	Projetando extensões urbanas enquanto o todo evolui	Poder para acrescentar, mudar, evoluir ou auto-organizar a estrutura do sistema	Estrutura do Sistema
4	Mudando uma mentalidade de manutenção por uma atitude de cuidado	Objetivos do Sistema	Estrutura do Sistema
5	Redistribuindo o uso do solo e orçamento para feminização dos espaços	Regras do Sistema via Parâmetros	Estrutura do Sistema Parâmetros
6	Criando condições para a vida silvestre	Poder para acrescentar, mudar, evoluir ou auto-organizar a estrutura do sistema	Parâmetros Estrutura do Sistema
7	Constituindo uma coleção de selins de bicicleta	Fluxos de informação	Estrutura do Sistema
8	Cultivando e coletando para saúde e bem-estar	Poder para acrescentar, mudar, evoluir ou auto-organizar a estrutura do sistema	Estrutura do Sistema

E se as Mulheres Projetassem a Cidade | 147

9	Projetando playgrounds de aventura para crianças e cuidadores	Poder para acrescentar, mudar, evoluir ou auto-organizar a estrutura do sistema	Estrutura do Sistema
10	Trabalhando com os homens para redistribuir poder, equilibrar a representação e transformar sistemas	Objetivos do Sistema	Modelos Mentais
11	Desenvolvendo confiança por meio de treinamento de autodefesa	Fluxos de informação	Estrutura do Sistema
12	Aprimorando a vigilância natural por meio do design	Feedback positivo que se autorreforça	Ciclos de Feedback
13	Programando rondas de patrulhamento a pé por guardas comunitários	Feedback positivo que se autorreforça	Ciclos de Feedback
14	Tornando obrigatório o treinamento prático de conscientização sobre ciclismo	Regras do Sistema	Estrutura do Sistema
15	Incentivando o transporte ativo como modo de vida	Mentalidade	Modelos Mentais
16	Repensando o sistema de tarifas de transporte público para 'viagens encadeadas' e redesenhando ônibus para 'viagens sobrecarregadas'	Poder para acrescentar, mudar, evoluir ou auto-organizar a estrutura do sistema	Parâmetros Estrutura do Sistema
17	Projetando rotas de ar fresco e zonas de baixa emissão a partir das perspectivas das mulheres e bebês	Poder para acrescentar, mudar, evoluir ou auto-organizar a estrutura do sistema	Estrutura do Sistema
18	Educando coletivamente para desconstruir estereótipos	Fluxos de informação	Estrutura do Sistema
19	Expandindo o uso do espaço público à noite	Objetivos do Sistema	Modelos Mentais

20	Co-desenvolvendo infraestrutura integradora	Poder para acrescentar, mudar, evoluir ou auto-organizar a estrutura do sistema	Estrutura do Sistema
21	Maximizando o uso de recursos locais	Estrutura dos recursos e fluxos materiais	Parâmetros
22	Praticando uma cultura de escuta profunda	Feedback positivo que se autorreforça	Ciclos de Feedback
23	Estimulando o turismo regenerativo	Fluxos de Informação	Estrutura do Sistema
24	Adotando os bairros de 20 minutos	Mentalidade	Modelos Mentais
25	Cocriando espaços de segurança para meninas	Regras do Sistema	Estrutura do Sistema
26	Manifestando cidades ecofeministas	Objetivos do Sistema	Modelos Mentais
27	Incorporando beleza na forma e função das cidades	Objetivos do Sistema	Modelos Mentais
28	Reconectando o interior ao exterior	Poder para acrescentar, mudar, evoluir ou auto-organizar a estrutura do sistema	Estrutura do Sistema
29	Promovendo o uso bicicletas elétricas	Regras do Sistema	Estrutura do Sistema
30	Reformando calçadas para acomodar saltos altos	Regras do Sistema	Estrutura do Sistema
31	Delineando e fluindo pela infraestrutura cicloviária	Estrutura dos recursos e fluxos de materiais	Parâmetros
32	Concebendo habitações intergeracionais	Regras do Sistema	Estrutura do Sistema
33	Coprojetando espaços com (e não apenas para) meninas adolescentes	Fluxos de informação	Estrutura do Sistema

E se as Mulheres Projetassem a Cidade

Bibliografia

Capítulo Um

[1] Greed, C. (1994), Women and Planning: Creating Gendered Realities. Routledge.

[2] Sassem, S. (2016). Built Gendering. Harvard Design Magazine. N.41, Family Planning.

[3] Beebeejaun, Y. (2017). Gender, urban space, and the right to everyday life. Journal of Urban Affairs, 39:3, pp. 323-334.

[4] East, M. (2019), Mapping the 'Presency' of Women in Cities. Ecocycles Journal, 5:2. pp. 1-5.

[5] UN Women (2019). Progress on the Sustainable Development Goals: The gender snapshot 2019. UN Department of Economic and Social Affairs. Statistics Division.

[6] UN-Habitat (2014). Gender Equality Action Plan (2014-2019). UN-Habitat. 019/15E.

[7] World Bank (2020). World Bank Handbook for Gender-Inclusive Urban Planning and Design. International Bank for Reconstruction and Development. The World Bank.

[8] OECD (2021) Gender and the Environment: Building Evidence and Policies to Achieve the SDGs. OECD Publishing, Paris.

[9] URBACT EU (2022). Gender Equal Cities Report. Disponível em: https://urbact.eu/gender-equal-cities-2022

[10] World Bank (2020).

[11] Damyanovic, D. & Zibell, B. (2013). Is there still gender on the agenda for spatial planning theories? Attempt to an integrative approach to generate gender-sensitive planning theories. The Planning Review, 49:4, pp. 25-36.

[12] CIESIN, IFPRI, CIAT (2011) Global Rural-Urban Mapping Project, Version 1 (GRUMPv1): Urban Extents Grid. NASA Socioeconomic Data and Applications Center (SEDAC).

[13] UN-Habitat (2021). Climate Change. Disponível em: https://unhabitat.org/topic/climate-change

[14] World Resources Institute, C40 & ICLEI (2021). GHG Protocol standard for cities. An Accounting and Reporting Standard for Cities, Version 1.1.

[15] Girardet, H. (2008). Cities People Planet: Urban Development and Climate Change. Wiley.

[16] United Nations Department of Economic and Social Affairs (2018). Revision of World Urbanization Prospects: The 2018 Revision. UNDESA. Disponível em: https://population.un.org/wup/

[17] Sanford, C. (2016). What is Regeneration? Part 2. Living Structured Wholes. Disponível em: https://carolsanfordinstitute.com/what-is-regeneration-part-

[18] du Plessis, C. (2012). Towards a regenerative paradigm for the built environment. Building Research & Information, 40:1, pp. 7-22.

150 | E se as Mulheres Projetassem a Cidade

[19] Robinson, J. & Cole, R.J. (2015). Theoretical underpinnings of regenerative sustainability. Building Research & Information, 43:2, pp. 133-143.

[20] Margolin, V. & Margolin, S. (2002). A "Social Model" of Design: Issues of Practice and Research. Design Issues, MIT Press, 18: 4. pp 24-30.

[21] Mang, P. & Haggard, B. (2016). Regenerative Development & Design: A Framework for Evolving Sustainability. Wiley.

[22] Mang, P. & Reed, B. (2012). Designing from place: A regenerative framework and methodology. Building Research & Information, 40: 1, pp. 23-38.

[23] Jacobs, J. (2016). Jane Jacobs: The Last Interview and Other Conversations. Melville House Publishing.

[24] de Beauvoir, S. (1949). The Second Sex. 2nd Edition. New York: The Modern Library.

[25] Listerborn, C. (2007). Who speaks? And who listens? The relationship between planners and women's participation in local planning in a multi-cultural urban environment. GeoJournal, 70:1, pp. 61-74.

Capítulo Dois

[26] Spain, D. (1992). *Gendered Spaces*. University of North Carolina Press.

[27] Kern, L. (2020). *Feminist City*. Verso.

[28] Bondi, L. & Rose, D. (2003). Constructing gender, constructing the urban: A review of Anglo-American feminist urban geography. *Gender, Place and Culture: A Journal of Feminist Geography*, 10:3, pp. 229-245.

[29] Collinge, C. (2005). The difference between society and space: nested scales and the returns of spatial fetishism. *Environment and Planning D: Society and Space*, Vol. 23, pp. 189-206.

[30] Keigher, S. M. (1993). Review of Discrimination by Design: A Feminist Critique of the Man-Made Environment.; The Sphinx in the City: Urban Life, the Control of Disorder, and Women, by Weisman L.K & Wilson E. *Contemporary Sociology*, 22: 2, pp. 173- 175.

[31] Hayden, D. (1981). The Grand Domestic Revolution. The MIT Press.

[32] Hayden, D. (1981)

[33] Agrest, D., Conway, P., & Weisman, L.K. (1996). *The Sex of Architecture*. Abrams.

[34] Torre, S. (2002). Claiming the Public Space, The Mothers of Plaza de Mayo. *Gender Space Architecture- An Interdisciplinary Introduction*, Capítulo 19, pp. 140-145.

[35] Convention on the Elimination of all Forms of Discrimination against Women (1979). Disponível em: https://www.ohchr.org/EN/ProfessionalInterest/Pages/CEDAW.aspx

[36] Wilson, E. (1991). *The Sphinx in the City: Urban Life, the Control of Disorder, and Women*. Virago.

[37] Bondi, L. & Rose, D. (2003).

[38] Collinge, C. (2005).

[39] Wilson, E. (1991).

[40] Fincher, R. and Jacobs, J. M. (1998). *Cities of Difference*. The Guilford Press.

[41] Wilson, E. (1991).

[42] Jacobs, J. (1961) *The Death and Life of Great American Cities*. Vintage Books. pp. 432.

[43] Derrida, J. (1978). *Writing and Difference*. Chicago: The University of Chicago Press.

[44] Maturana, H. R. (1990). Biology of Language: The Epistemology of Reality. In: G.A. Miller & E. Lenneberg (eds.) *Psychology and Biology of Language and Thought: Essays in Honor of Eric Lenneberg*. New York: Academic Press. pp. 27-63.

[45] Freire, P. (1970). *Pedagogy of the Oppressed*. Continuum International Publishing Group.

[46] Oxford Dictionary (2019). Symbiosis. Disponível em: https://www.oxfordlearnersdictionaries.com/definition/english/symbiosis

Capítulo Três

[47] Regenesis Group (2017). The Regenerative Practitioner. Systemic Frameworks. Regenesis Group, Inc.

[48] Einstein, A. (1935). *The Word as I See It*. Philosophical Library.

[49] Christy. L.F. (2007). Awakening from Newton's Sleep and the Sleep of Cybernetics. *Academia.Edu*. The George Washington University.

[50] Blake, W. (1802). *Letter to Thomas Butt*. Ed. by Geoffrey Keynes, The Macmillan Company. Edição de 1956.

[51] Kuhn, T. (1962). *The Structure of Scientific Revolutions*. University of Chicago Press.

[52] Meadows, D. (2008). *Thinking in Systems*. Chelsea Green Publishing.

[53] Bateson, N. (2022). What is Warm Data? Disponível em: https://batesoninstitute.org/warm-data/

[54] Campbell, K. (2018). *Making Massive Small Change*. Chelsea Green Publishing.

Capítulo Quatro

[55] Meadows, D. (1999). Leverage Points- Places to Intervene in Systems. *Academy for Systems Change*. The Donella Meadows Project.

[56] Meadows, D. (1999).

[57] Archimedes. The Library of History of Diodorus Siculus, Fragments of Book XXVI, tradução de F. R. Walton. Loeb Classical Library (1957) Vol. XI.

[58] Fuller, B. (1982). *Critical Path*. St. Martin's Publishing Group.

[59] Meadows, D. (1999). P. 169

[60] Meadows, D. (1999). P. 169

[61] Meadows, D. (1999). P. 169

152 | E se as Mulheres Projetassem a Cidade

Capítulo Cinco

62 Gold, J. R. (1998). Creating the Charter of Athens: CIAM and the Functional City, 1933-43. *The Town Planning Review,* 69:3, pp. 225-247.

63 Sanchez de Madariaga, I. & Roberts. M. (2013). *Fair Shared Cities: The Impact of Gender Planning in Europe.* Ashgate.

64 Bosman, J. (1993). *Funktionale Stadt?* Werk, Bauen und Wohnen, Vol. 4, pp. 6-7.

65 Curtis, W. (1986). *Le Corbusier: Ideas and Forms.* Oxford, Phaidon.

66 Harvey, D. (1989). *The Condition of Postmodernity: An Enquiry into the Origins of Cultural Change.* Oxford, Blackwell.

67 Greed, C. (1994).

68 Fainstein, S.S. & Servon, L.J. (eds.) (2007). Gender and Planning: A Reader. *Urban Geography*, 28:3, pp. 1-14.

69 van den Berg, M. (2018). The discursive uses of Jane Jacobs for the genderfying city: Understanding the productions of space for post-Fordist gender notions. *Urban Studies,* 55:4, pp. 751-766.

70 Ungard-Benne, B. C. & Mang, P. (2015). Working Regeneratively Across Scales— Insights from Nature Applied to the Built Environment. *Journal of Cleaner Production,* Vol. 109, pp. 42-52.

71 Mang, P. & Haggard, B. (2016).

72 Wahl, D.C. (2016). *Designing Regenerative Cultures.* Triarchy Press.

73 Regenesis Group (2017).

74 Girardet, H., Schurig, S, Leidreiter, A. & Woo, F. (2013). Towards the Regenerative City. *The World Future Council.* Climate and Energy Commission Council.

75 Woo, F. (2013). Regenerative urban development as a prerequisite for the future of cities. The Guardian. Disponível em: https://www.theguardian.com/sustainable- business/regenerative-urban-development-future-cities

76 Reed, B. (2007). Shifting from 'sustainability' to regeneration. *Building Research & Information*, 35:6. pp. 674-680.

77 Regenesis Group (2017).

78 Regenesis Group (2017).

79 Scientific American (2012). Snappy Science: Stretched Rubber Bands Are Loaded with Potential Energy! Disponível em: https://www.scientificamerican.com/article/bring-science-home-rubber-bands-energy

80 Regenesis Group (2017).

81 Regenesis Group (2017).

82 Regenesis Group (2017).

E se as Mulheres Projetassem a Cidade | *153*

Capítulo Seis

[83] Anderson, J.M., Adey, P. & Bevan, P. (2010). Positioning place: Polylogic approaches to research methodology. *Qualitative Research*, 10:5, pp. 589-604.

[84] Spence, C. (2020). Senses of place: architectural design for the multisensory mind. *Cognitive Research*, Vol. 5, p. 46.

[85] Clark, A. & Emmel, N. (2010). Using walking interviews. *National Centre for Research Methods*. University of Manchester.

[86] METRAC (2022). Working to end gender-based violence across communities. Disponível em: https://metrac.org

[87] Whitzman, C., Shaw, M., & Andrew, C. (2009). The effectiveness of women's safety audits. *Security Journal*, Vol. 22, pp. 205-218.

[88] Owen, H. (1977). *Open Space Technology: A User's Guide*. Berrett-Koehler Publishers.

Capítulo Sete

[89] Low, S.M. & Altman, I. (1992). *Place Attachment*. New York: Plenum Press.

[90] Stedman, R.C. (2002). Toward a Social Psychology of Place: Predicting Behavior from Place-Based Cognitions, Attitude, and Identity. *Environment and Behavior*, 34:5, pp. 561–581.

[91] Cambridge Dictionary (2022). Biophilia. Disponível em: https:// dictionary.cambridge.org dictionary/ english/biophilia

[92] Alemán, G. (2000). *El Parque Municipal Garcia Sanabria*. Exmo Ayuntamiento de Santa Cruz de Tenerife.

[93] Sanford, C. (2022). *Indirect Work*. InterOctave.

[94] Oliver, M. (1986). *Dream Work*. The Atlantic Monthly Press.

[95] Montessori, M. (1909). *The Montessori Method*. Cosimo Classics.

[96] Piaget, J. (1952). *The Origins of Intelligence in Children*. International Universities Press.

[97] Proshansky, H.M. (1978). The City and Self-Identity. *Environment and Behavior*, 10:2, pp. 147–169.

[98] Ryden, K.C. (1993). *Mapping the Invisible Landscape: Folklore, Writing, and the Sense of Place*. University of Iowa Press.

[99] Low, S.M. & Altman, I. (1992).

[100] Pretty, G.H., Chipuer, H.M., & Bramston, P. (2003). Sense of place amongst adolescents and adults in two rural Australian towns: The discriminating features of place attachment, sense of community and place dependence in relation to place identity. *Journal of Environmental Psychology*, 23:3.

[101] Neal, P. (ed) (2003). *Urban villages and the making of communities*. Taylor & Francis.

[102] Hunt, E. (2019). City with a female face: how modern Vienna was shaped by women. The Guardian. Disponível em: https://www.theguardian.com/cities/2019/may/14/city-with-a-female-face-how-modern- vienna-was-shaped-by-women

[103] Clarke, K. (2018). The Sexist Streets of the World. Disponível em: https://googlemapsmania.blogspot.com/2018/05/the-sexist-streets-of-world.html

[104] NHS (2015). *The Royal Hospital for Sick Children Celebrating a proud history 1882-2015.* NHS Greater Glasgow & Clyde.

[105] Robertson, E, (1972). *The Yorkhill Story: The History of The Royal Hospital for Sick Children, Glasgow.* Yorkhill and Associated Hospitals Board of Management.

[106] Tronto, J.C., & Fisher, B. (1990) Toward a Feminist Theory of Caring. In E. Abel & M Nelson (eds). *Circles of Care.* Albany, NY: SUNY Press. pp. 36-54.

[107] Lucas, K., Walker, G., Eames, M., Fay, H., & Poustie, M. (2004). Environment and social justice: rapid research and evidence review. *London, UK Policy Studies Institute.*

[108] Col.lectiu Punt 6 (2020). Disponível em: https://www.punt6.org/es/es-punt-6/

[109] Valdivia, B. (2017). Towards a paradigm shift: the caring city. *Barcelona Metròpolis.* Edição nº 104.

[110] Wheatley, M. J. (2002). *Turning to One Another: Simple Conversations to Restore Hope to the Future.* San Francisco: Berrett-Koshler Publishers, Inc.

[111] Shiva, V, (2005). Earth Democracy: Justice, Sustainability and Peace. London: Zed Books.

[112] URBACT (2020). Umeå Disponível em: https://urbact.eu/umea

[113] Gustafsson. L. (2017). Umeå – Gender equality at the heart of the city. URBACT EU. Disponível em: https://www.blog.urbact.eu/2017/12/umea-gender-equality-at-the- heart-of-the -city/

[114] Meadows, D. (1999).

[115] Damyanovic, D., Reinwald, F., & Weikmann, A. (2013). *Manual for Gender Mainstreaming in Urban Planning and Urban Development.* Urban Development and Planning. The City of Vienna.

[116] Dimitrova, A. (2021). Lyon to adopt the first "gender budget" in France. The Mayor EU. Disponível em: https://www.themayor.eu/en/a/view/lyon-to-adopt-the-first-gender-budget-in-france- 7393

[117] Regional Government of Andalusia (2010). *G+ Project A methodology for using public budgeting to improve gender equality.* Ministry of Finance and Public Administration.

[118] Obama, B. (2016). The Budget Message of the President. Office of the Press Secretary. The White House.

[119] De Sousa Santos, B (1998). Participatory Budgeting in Porto Alegre: Toward a Redistributive Democracy. *Politics & Society*, 26:4, pp. 461-510.

E se as Mulheres Projetassem a Cidade | **155**

[120] Schulte to Bühne, H., Pettorelli, N., & Hoffmann, M. (2022). The policy consequences of defining rewilding. *Ambio,* Vol. 51, pp 93–102.

[121] WWF (2022). What is the sixth mass extinction and what can we do about it? Disponível em: https://www.worldwildlife.org/stories/what-is-the-sixth-mass-extinction-and-what-can-we-do-about-it

[122] Kopenawa, D. & Senra, E.B. (2023). Precisamos falar sobre a beleza dos Yanomamis. Instituto Socio-Ambiental Disponível em: https://www.socioambiental.org/noticias-socioambientais/precisamos-falar-sobre-beleza-dos-yanomami

[123] Parc de La Citadel (2023) Lille's Citadel, a complete history. Disponível em: https://parcdelacitadelle.lille.fr/en/node/930/heritage

[124] Le Parisien (2023). Près de Valenciennes, les autorités à la recherche d'un 'grand félin' aperçu plusieurs fois . Disponível em: https://www.leparisien.fr/faits-divers/pres-de-valenciennes-les-autorites-a-la-recherche-dun-grand-felin-apercu-plusieurs-fois

[125] Paciaroni, S. (2022) How Yorkhill Green Spaces are repopulating Glasgow's West End with insects. Glasgow Times. Disponível em: https://www.glasgowtimes.co.uk/news/scottish-news/20135518.yorkhill-green-spaces-repopulating-glasgows-west-end-insects/

[126] Heinen, E., van Wee, B. & Maat, K. (2010). Commuting by bicycle: An overview of the literature. *Transport Reviews*, 30:1, pp 59–96.

[127] SUSTRANS (2022). Is separate equal? Single-sex cycling spaces and gender equality Disponível em: https://www.sustrans.org.uk/our-blog/opinion/2022/august/is-separate-equal-single-sex-cycling-spaces-and-gender

[128] Leva, M.C., Ababio-Donkor, A., & Thimnu, A. (2021) Gender and Equality in Transport. *Proceedings of the 2021 Travel Demand Management Symposium*. Technological University Dublin.

[129] Heesch, K.C., Sahlqvist, S. & Garrard, J. (2012). Gender differences in recreational and transport cycling: a cross-sectional mixed-methods comparison of cycling patterns, motivators, and constraints. *Int J Behav Nutr Phys Act,* 9: 106.

[130] Broadbent, B. (2020) Finding a comfortable saddle. BBC Women's Hour. Disponível em: https://www.bbc.co.uk/sounds/play/m000l8lh

[131] Women who Cycle (2019). Commonly asked question – What is the best women's bike saddle? Disponível em: https://womenwhocycle.com/what-is-the-best-womens-bike-saddle/

[132] Perez, C.C. (2019). *Invisible Women - Exposing Data Bias in a Word Designed for Men*. Penguin Random House.

[133] Hollmann, V., Donath, T.W., Grammel, F., Himmighofen, T., Zerahn, U., & Leyer, I. (2020). From nutrients to competition processes: Habitat specific threats to Arnica montana L. populations in Hesse, Germany. *PLoS ONE*, 15:5.

[134] FAO (2021). Tracking progress on food and agriculture-related SDG indicators 2021: A report on the indicators under FAO custodianship. FAO. Roma.

[135] Davi Kopenawa Yanomami. Survival International. Disponível em: https://www.survivalinternational.org/articles/3512-DaviYanomami

[136] The National Society of Allotment and Leisure Gardens (2021). Brief History of Allotments. Disponível em: https://www.nsalg.org.uk/allotment-info/brief- history-of-allotments/

[137] The National Society of Allotment and Leisure Gardens (2021).

[138] Edible Estates. Clovenstone Neighbourhood Garden. Disponível em: https://www.edibleestates.co.uk/project/clovenstone-neighbourhood-garden/

[139] Lowry, C.A., Hollis, J. H., de Vries, A., Pan, B., Brunet, L. R., Hunt, J. R., Paton, J. F., van Kampen, E., Knight, D. M., Evans, A. K., Rook, G. A., & Lightman, S. L. (2007). Identification of an immune-responsive mesolimbocortical serotonergic system: Potential role in regulation of emotional behavior. *Neuroscience,* 146:2, pp. 756–772.

[140] Paddock, C (2007). *Soil Bacteria Work in Similar Way to Antidepressants*. Medical News Today.

[141] Barton, J., & Rogerson, M. (2017). The importance of greenspace for mental health. *BJPsych international*, 14:4, pp. 79–81.

[142] Grass Roots Remedies Cooperative (2023). Disponível em: https://grassrootsremedies.co.uk

[143] Thomas, A. (2017). These New York Gardeners are Fighting the System by Growing Food. Disponível em: https://www.thefader.com/2017/04/17/bronx-gardeners-empower-communities

[144] Gore, S. (2020). Meet the BIPOC Farmers Cultivating Green Spaces in NYC. Disponível em: https://www.teenvogue.com/story/meet-the-bipoc-farmers-cultivating-green-spaces-in-nyc

[145] Farm School NY (2023). Training urban agriculture activists and advocates. Disponível em: https://www.farmschoolnyc.org

[146] UNICEF (1989). UN Convention on the Rights of the Child. Adopted by the General Assembly on 20 November 1989. (Resolution 44/25).

[147] van Vleet, M., Helgeson V.S., & Berg, C. A. (2019). The importance of having fun: Daily play among adults with type 1 diabetes. *J Soc Pers Relat*, 1:36, pp. 3695-3710.

[148] Sinclair, M. (2016). *Well Played – The Ultimate Guide to Awakening Your Family's Playful Spirit*. HarperCollins Publishers.

[149] Holmes, R. & Hart, T. (2022). Exploring the Connection between Adult Playfulness and Emotional Intelligence. *The Journal of Play in Adulthood,* 4:1, pp. 28-51.

[150] Wester Hailes Sentinel (2023) From there… to here. The Venchie Story Disponível em: https://www.bbc.co.uk/sounds/play/m000l8lh

E se as Mulheres Projetassem a Cidade | *157*

[151] Kambas, A., Antoniou, P., Xanthi, G., Heikenfeld, R., Taxildaris, K., & Godolias, G. (2004). Accident prevention through development of coordination in kindergarten children. *Deutsche Zeitschrift für Sportmedizin*, 55:2, pp. 44-47.

[152] Brussoni, M., Olsen, L. L., Pike, I., & Sleet, D. A. (2012). Risky play and children's safety: balancing priorities for optimal child development. *International journal of environmental research and public health*, 9:9, pp. 3134-3148.

[153] Play England (2007). Charter for Play. Disponível em: https://www.playengland.org.uk/charter-for-play

[154] The Crown Prosecution Service (2022). CPS sets out the law on street-based sexual harassment. Disponível em: https://www.cps.gov.uk/cps/news/cps-sets-out-law-street-based-sexual-harassment

[155] UK Public General Acts (1997). Protection from Harassment Act 1997. Disponível em: https://www.legislation.gov.uk/ukpga/1997/40/contents

[156] de Beauvoir, S. (1949). *The Second Sex*. 2nd Edition. New York: The Modern Library.

[157] METRAC (2022).

[158] Thompson, M.E. (2014). Empowering Self-Defense Training. *Violence Against Women*, 20:3, pp. 351-359.

[159] Telsey, N. (1981). Karate and the feminist resistance movement. In: F. Delacoste & F. Newman (eds.) Fight back! Feminist resistance to male violence. Minneapolis, MN: Cleis Press. pp. 184-196.

[160] Hollander, J. A. (2016). The importance of self-defense training for sexual violence prevention. *Feminism & Psychology*, 26:2, pp. 207-226.

[161] Barbauld, A. L. (1773). The Rights of Woman. Poems.

[162] Jacobs, J. (1961).

[163] Lee, J.S., Park S., & Jung, S. (2016). Effect of Crime Prevention through Environmental Design (CPTED) Measures on Active Living and Fear of Crime. *Sustainability*, 8.872.

[164] Newman, O. (1972). *Defensible space: Crime Prevention through Urban Design*. Macmillan: Nova Iorque, NY.

[165] Aatika, S. (2023) Why does a group of women walk at midnight in Delhi? TwoCirclesNet. Disponível em: https://twocircles.net/2023apr20/448795.html

[166] Diniz. M. (2019) O Policiamento Comunitário em Lisboa e a coprodução de segurança a nível local. *Conferência de Segurança Urbana*. Lisboa, Polícia Municipal.

[167] Wendel-Vos, W., v,d. Berg, S., Giesbers, H., Harms. L., Kruize, H., & Staatsen, B. (2018). *Cycling in the Netherlands*. The National Institute for Public Health and Environment.

[168] Garrard, J., Handy, S. & Dill, J. (2012). Women and Cycling. In: J. Pucher & R. Buehler (eds.) *City Cycling*. Cambridge: MIT Press. pp. 211-234.

[169] Willeme, A. (2023). 7 things that will get you fined while cycling in the Netherlands. Dutch Review. Disponível em: https://dutchreview.com/culture/things-that-will-get-you-fined-while-cycling-in-the-netherlands/

[170] Tennant, C. (2022). The world's cycling nation: How the Netherlands redesigned itself as a country fit for bikes. Euronews.

[171] InfraSisters (2023). Disponível em: https://www.infrasisters.org.uk

[172] Bike for Good (2023) Disponível em: https://www.bikeforgood.org.uk/get-cycling/cycle-training/

[173] Cycling Scotland (2022). Practical Cycle Awareness Training (PCAT). Disponível em: https://www.cycling.scot/what-we-do/training/practical-cycle-awareness- training

[174] Government of Ireland (2020). What Active Travel Is. Disponível em: https://www.gov.ie/en/campaigns/d96bd-active-travel/

[175] TCPA (2021). 20-Minute Neighbourhoods- Creating Healthier, Active, Prosperous Communities- An Introduction for Council Planners in England. *Town and Country Planning Association*.

[176] Hopkins, R. (2008). *The Transition Handbook: From Oil Dependency to Local Resilience*. UIT Cambridge Ltd.

[177] Sanderson, E.W. (2013). Time to escape the oil trap. The Inquirer. Disponível em: https://www.inquirer.com/philly/opinion/inquirer/20130820_Time_to_escape_the_oil_t rap.html?outputType=amp

[178] Watts, M. (2021). There Will be Blood: Oil Curse, Fossil Dependency and Petro-Addiction. *New Formations*, Vol. 2021, No. 103, pp.10-42.

[179] Saeidizand, P., Fransen, K. & Boussauw, K. (2021). Revisiting car dependency: a worldwide analysis of car travel in global metropolitan areas. *Cities,* 120:6, 103467.

[180] Minster, C., Chlond, B., von Behren, S., & Hunecke, M. (2016). Mesurer les aspects subjectifs et objectifs de da dépendance automobile. *Swiss Mobility Conference*, Universidade de Lausanne.

[181] UK Department for Transport (2020). Trip Chaining: 2002-2014. National Travel Survey.

[182] Hine, J. & Mitchell, F. (2001) The Role of Transport in Social Exclusion in Urban Scotland. *Scottish Executive Research Unit*.

[183] Turner, T., Niemeier, D. (1997). Travel to work and household responsibility: new evidence. *Transportation,* Vol. 24, pp 397–419.

[184] Law, R. (1999). Beyond 'women and transport': towards new geographies of gender and daily mobility. *Prog. Hum. Geogr*., Vol 23, pp. 567–588.

[185] Rosenbloom, S. (2006). Understanding women's and men's travel patterns. Research on Women's Issues in Transportation: Report of a Conference. *Transportation Research Board*, Washington, DC, pp. 7–28.

E se as Mulheres Projetassem a Cidade | *159*

[186] Sandberg, L. & Rönnblom, M. (2016). Imagining the ideal city, planning the gender-equal city in Umea Suécia. *Gender, Place & Culture*, 23:12, pp. 1750- 1762.

[187] Trivector Traffic (2020). *Equality and the transport system*. Vinnova Sweedish Innovation Agency.

[188] Equality and Human Rights Commission (2017). Wheelchair spaces on buses must be a priority, court rules. Disponível em: https://www.equalityhumanrights.com/en/our-work/news/wheelchair-spaces-buses-must-be-priority-court-rules

[189] Holman, C., Harrison, R., & Querol, X. (2015). Review of the efficacy of low emission zones to improve urban air quality in European cities. *Atmospheric Environment*, Vol. 111, pp 161-169.

[190] The High Line (2023). Disponível em: https://www.thehighline.org

[191] Sharma. A. & Kumar, P. (2022). Air pollution exposure assessment simulation of babies in a bike trailer and implication for mitigation measures. *Journal of Hazardous Materials Advances,* Vol. 5.

[192] Mums for Lungs (2023). Disponível em: https://www.mumsforlungs.org

[193] Greater London Authority (2022). Mayor hails success of Schools Streets programme. Disponível em: https://www.london.gov.uk/press-releases/mayoral/mayor-hails-success-of-schools-streets-programme

[194] WHO (2021). *Global Air Quality Guidelines: particulate matter (PM2.5 and PM10), ozone, nitrogen dioxide, sulfur dioxide and carbon monoxide*. Centre for Environment & Health. World Health Organization.

[195] Leeds Festival of Kindness, Compassion and Wellbeing (2021). Kinder Leeds. Disponível em: https://kinderleeds.org

[196] da Silva, R. C. O. (2006). Reversing the Rite: Music, Dance, and Rites of Passage among Street Children and Youth in Recife, Brazil. *The World of Music- Music and Childhood: Creativity, Socialization, and Representation,* 48:1, pp. 83-97

[197] UNESCO (2020). *Artificial intelligence and gender equality: key findings of UNESCO's Global Dialogue.* UNESCO.

[198] Merriam-Webster Dictionary (2023). Disponível em: https://www.merriam-webster.com/dictionary/passeggiata

[199] Listerborn, C. (2002). Understanding the geography of women's fear. In: L Bondi *et al.*, *Subjectivities, Knowledges, and Feminist Geographies*. Rowman & Littlefield. pp. 34-43.

[200] Pain, R. H. (1997). Social Geographies of Women's Fear of Crime. *Transactions of the Institute of British Geographers,* 22:2, pp. 231–244.

[201] Etymology Dictionary (2022). Emancipate, Disponível em: https://www.etymonline.com/word/emancipate

[202] Meadows, D. (1999).

[203] Berry, W. (1997*). The unsettling of America: Culture and agriculture*. Sierra Club Book.

[204] World Bank (2022). *Squaring the Circle: Policies from Europe's Circular Economy Transition.* World Bank.

[205] Circularity Gap Reporting Initiative (2023). The Circularity Gap Report. Disponível em: https://www.circularity-gap.world/20232023

[206] Nicolli, V. (2015). Kelvingrove Park gates return. Glasgow Times. Disponível em: https://www.glasgowtimes.co.uk/news/13303586.kelvingrove-park-gates-return/

[207] Corbett, G. (2019). Bridge8 hub: canal social enterprise. Edinburgh and West Lothians Green. Disponível em: https://www.edinburghgreens.org.uk/blog/bridge8/

[208] Newton, I. (1687). *Philosophiæ Naturalis Principia Mathematica.* Royal Society of London.

[209] Wheatley, M.J. (2002). *Turning to One Another: Simple Conversations to Restore Hope to the Future.* São Francisco: Berrett-Koshler Publishers, Inc.

[210] Bellato, I., Frantzeskaki, N., & Nygaard, C. A. (2022). Regenerative tourism: a conceptual framework leveraging theory and practice. *Tourism Geographies*, 25:4, pp.1026-1046.

[211] Pollock, A. (2023). Conscious Travel takes a new approach to tourism development in eight key ways. Disponível em: http://www.conscious.travel/approach/

[212] Pollock, A. (2023).

[213] East, M. (2018). Current thinking on sustainable human habitat: the Findhorn Ecovillage case. *Ecocycles Journal,* 4:1, pp. 68–72.

[214] Mairie de Paris (2022). Paris ville du quart d'heure, ou le pari de la proximité. Ville de Paris. Disponível em: https://www.paris.fr/dossiers/paris-ville-du-quart-d-heure-ou-le-pari-de-la-proximite-37

[215] Melbourne Department of Environment, Land, Water and Planning (2015).

[216] City of Portland and Multnomah County (2015). *2015 Climate Action Plan.* Bureau of Planning and Sustainability, City of Portland. Office of Sustainability, Multnomah County.

[217] Gunn, L.D., King T.L., Mavoa, S, Lamb K, Giles-Corti B., & Kavanagh A. (2017). Identifying destination distances that support walking trips in local neighbourhoods. *Journal of Transport and Health,* Vol. 5, pp. 133-141.

[218] Christian, H.E., Fiona, C.B., Nicholas, J.M., Matthew, W.K., Mark, L.D., Paula, H., Anura, A., & Giles-Corti, B. (2011). How important is the land use mix measure in understanding walking behavior? Results from the RESIDE study. *Int. J. Behav. Nutr. Phys Act,* Vol. 8, p. 55.

[219] Manaugh, K. & El-Geneidy, A.M. (2011). Validating Walkability Indices: How Do Different Households Respond to the Walkability of Their Neighbourhood? *Transportation Research Part D: Transport and Environment*, Vol. 16, pp. 309-315.

[220] Thornton, L.E., Schroers, R.D., Lamb, K.E., Daniel, M., Ball, K., Chaix, B., Kestens, Y., Best, K., Oostenbach, L., & Coffee, N.T. (2022). Operationalising the 20-minute neighbourhood. *The international journal of behavioral nutrition and physical activity*, 19:1.

[221] Melbourne Department of Environment, Land, Water and Planning (2015).

E se as Mulheres Projetassem a Cidade | *161*

[222] City of Portland and Multnomah County (2015).

[223] Mairie de Paris (2022).

[224] Moreno, C., Allam, Z., Chabaud, D., Gall, C., & Pratlong, F. (2021). Introducing the '15-minute city': sustainability, resilience and place identity in future post-pandemic cities. *Smart Cities*, 4:1, pp. 93-111.

[225] RTPI Scotland (2021). Implementing 20 Minute Neighbourhoods in Planning Policy and Practice. Disponível em: https://www.rtpi.org.uk/research/2021/march/20-minute-neighbourhoods/

[226] Norberg-Hodge, H. (2019) *Local Is Our Future. Steps to an Economics of Happiness.* Local Futures

[227] Make Cities Safer for Girls (2018). 8 Safety Demands from City Girls. Plan International UK. Disponível em: https://plan-international.org/case-studies/8-safety-demands-from-city-girls/

[228] d'Eaubonne, F. (1974) Feminism or Death. Verso Books

[229] Wilson, E. (1991).

[230] WWF (2023). Nature-Based Solutions. Disponível em: https://wwf.panda.org/discover/our_focus/climate_and_energy_practice/what_we_do/nature_based_solutions_for_climate/

[231] Francour, D. (2022), Nature-Based Solutions are False Climate Change Solutions: Indigenous Peoples Hold the True Solutions to Climate Change. Cultural Survival. Disponível em: https://www.culturalsurvival.org/publications/cultural-survival-quarterly/nature-based-solutions-are-false-climate-change-solutions

[232] Chan, F.K.S., Griffiths, J.A., Higgitt, D., Xu, S., Zhu,F., Tang, Y.T., Xu, Y. & Thorne, C.R. (2018) "Sponge City" in China—A breakthrough of planning and flood risk management in the urban context. *Land Use Policy*. Vol. 76, pp. 772-778.

[233] Rosa, M. (2015) Movimento restaura postes para deixar bairros mais bonitos em Florianópolis. Ciclo Vivo. Disponível em: https://ciclovivo.com.br/inovacao/inspiracao/movimento-restaura-postes-para-deixar-bairros-mais-bonitos-em-florianopolis/

[234] Mann, J. (2015). Towards a politics of whimsy: yarn bombing the city. *Area*, 47:1. pp. 65-72.

[235] Ayuntamiento de Alicante (2023). Basílica de Santa María Disponível e: https://www.alicanteturismo.com/basilica-de-santa-maria/

[236] Olabi, A.G., Wilberforce,T., Obaideen, K., Sayed,E.T., Shehata, N., Alami, A.H., & Abdelkareem,M.A.(2023) Micromobility: Progress, benefits, challenges, policy and regulations, energy sources and storage, and its role in achieving sustainable development goals. *International Journal of Thermofluids*, Vol. 17, No. 100292

[237] Berntsen, S., Malnes, L., Langåker, A., & Bere, E. (2017). Physical activity when riding an electric assisted bicycle. *The international journal of behavioral nutrition and physical activity*, Vol 14, Item 1, p.55.

[238] Vélib Metropol. Disponível em: https://www.velib-metropole.fr/en_GB/service

[239] Donkey Republic. Disponível em: https://www.donkey.bike/

[240] Encicla. Disponível em: https://encicla.metropol.gov.co

[241] Bae, Y.H., Ko, M., Park, Y.S., & Lee, S.M. (2015). Effect of revised high-heeled shoes on foot pressure and static balance during standing. *Journal of physical therapy science*, 27:4, pp. 1129–1131.

[242] Seoul Metropolitan Government (2014) *Women Friendly City Project*. Policies. Women & Family Policy Affairs.

[243] Maarou, M.A. (2015). The Impact of Wearing High Heels on Women's Health and Attractiveness: A Field Study. *Journal of Basic and Applied Scientific Research*, 5:8, pp. 54-61.

[244] Desai, S. (2022). Tracking the effects of high heels at work. Harvard Gazette. Disponível em: https://news.harvard.edu/gazette/story/2022/02/harvard-talk-examines-effects-of-high-heels-at-work/?utm_medium=Feed&utm_source=Syndication

[245] Goel, R., Oyebode, O., Foley L., Tatah, L, Millett, C., & Woodcock, J. (2022). Gender differences in active travel in major cities across the world *Transportation, Vol.* 50, pp. 733-749.

[246] Transport for London (2012). *Understanding the travel needs of London's diverse communities: Women*. Mayor of London.

[247] Sustrans (2018).

[248] Meadows, D. (1999).

[249] City of Copenhagen (2011). The City of Copenhagen's bicycle strategy, 2011–2025 Disponível em: https://handshakecycling.eu/resources/citycopenhagen%E2%80%99s-bicyclestrategy-2011-2025

[250] Cycling Embassy of Denmark (2015). Bicycle statistics from Denmark, Report. *Cycling Embassy of Denmark*, Copenhagen.

[251] Christiania Bikes (2023) Our History. Disponível em: https://www.christianiabikes.com/en/om-os/vores-historie/

[252] UNDESA (2023). UNDESA World Social Report 2023: Leaving No One Behind in An Ageing World. Department of Economic and Social Affairs. United Nations

[253] Das, M.B., Yuko, A., Chapman, T.B. & Jain, V. (2022). *Silver Hues: Building Age-Ready Cities*. World Bank, Washington, DC.

[254] Japan Minister of Health, Labour and Welfare (2023). Disponível em: https://www.mhlw.go.jp/english/database/

[255] Centre for Public Impact (2018). Mehrgenerationenhäuser II in Germany. Disponível em: https://www.centreforpublicimpact.org/case-study/mehrgenerationenhauser-germany

[256] Teruel, An (2022). La caída de la natalidad en la provincia de Alicante acelera aún más el envejecimiento de la población. *Información.*

257 Garcia, S. & Marti, P. (2014). Intergenerational Architecture and Public Space. *ARQ*.

258 World Habitat Awards (2016) Municipal Project for Intergenerational Housing and Community Services in Alicante Disponível em: https://world-habitat.org/world-habitat-awards/winners-and-finalists/municipal-project-for-intergenerational-housing-and-community-services-in-alicante/

259 Walker, S. & Clark, I. (2023). Make Space for Girls 2023 Report. [Online]. Disponível em: https://www.makespaceforgirls.co.uk/resources/research-report-2023

260 Twenge, J.M. (2017) *iGen- Why Today's Super-Connected Kids Are Growing Up Less Rebellious, More Tolerant, Less Happy--and Completely Unprepared for Adulthood-and What That Means for the Rest of Us*. Atria Books.

261 Landscape Architecture Platform (2020) Bredäng Park – dance and play! Disponível em: https://landezine.com/bredang-park-dance-and-play/

Capítulo Oito

262 Merriam-Webster Dictionary (2023) Disponível em: https://www.merriam-webster.com/dictionary/elucidate

Capítulo Nove

263 Perth & Kinross Council (2008). Perth Central Conservation Area Appraisal. Perth & Kinross Council.

264 Scott, S.W. (1828). The Fair Maid of Perth. Caddel & Co.

265 HES (2016). 20 facts revealed about the Stone of Destiny. *Historic Environment Scotland*. Disponível em: https://www.historicenvironment.scot/about- us/news/20-facts-revealed-about-the-stone-of-destiny/ [Acesso em 20 Março de 2020].

266 The Morning Post (1914). Militant Anarchy – Bomb Explosion at the Abbey – Coronation Chair Damaged – No Arrests. The Life and Times of Florence Nightingale. Suffragette Newspaper Index.

267 National Museum of Computing (2019). Jean Valentine (1924-2019). Disponível em: https://www.tnmoc.org/notes-from-the-museum/2019/6/18/jean-valentine- 1924-2019 [Acesso em 15 Fevereiro de 2021].

268 Samos, A. (2014). Sandra Eleta in Portobelo. Guggenheim Museum. Disponível em: https://www.guggenheim.org/blogs/map/sandra-eleta-in-portobelo [Acesso em 22 de Maio de 2022].

269 Groome, F.H. (ed.) (1882-1885). The Ordnance Gazetteer of Scotland; a survey of Scottish topography, statistical, biographical, and historical, 2ª ed. Londres: William Mackenzie.

270 Edinburgh City Council (2000). Portobello Conservation Area Character Appraisal. Planning and Building Standards- Conservation Area Character Appraisals. The City of Edinburgh Council.

[271] Scottish Women Writers (2020). Lucy Bethia Walford. Disponível em: https://www.scottishwomenwritersontheweb.net/writers-a-to-z/lucy-bethia-walford [Acesso 7 de julho 2021].

[272] Steigerwalt, G. (2011). Helen Hopekirk, Scottish-American Pianist, Composer, and Pedagogue. *The Leschetizky Association News Bulletin,* 2010-11, pp 8-15.

[273] Foley, A. & Munro, M. (2013). Portobello and the Great War. Amberley Publishing

[274] Edinburgh City Council (2000). Portobello Conservation Area Character Appraisal. Planning and Building Standards- Conservation Area Character Appraisals. The City of Edinburgh Council.

[275] Rowe, H. A. (2011). The Rise and Fall of Modernist Architecture. Inquiries Journal, Vol. 3, Nº 4.

[276] Wester Hailes Community Trust (2022). Wester Hailes - A Local Place Plan. Urban Pioneers Ltd.

[277] Craig, A. (2003). The Story of Drumchapel. Glasgow Drumchapel Heritage Group.

[278] Crotty, J.G. (2004). Your place or mine? Issues of power, participation and partnership in an urban regeneration area. University of Glasgow.

[279] Calder, J. & Johnston, G. (1989). Drumchapel The Frustration Game. Disponível em: https://www.youtube.com/watch?v=cvwKjd7OD20 [Acesso em 7 de Junho de 2021].

[280] Glasgow City Council (2022). Works Delivered to Reduce Flood Risk in Drumchapel. Disponível em: https://www.glasgow.gov.uk/index.aspx?articleid=29053 [Acesso em 3 de Março de 2022].

[281] Glasgow City Council (2018). Kelvingrove Park Conservation Area Appraisal. Glasgow City Council.

[282] Yorkhill & Kelvingrove Development Trust (2022). Yorkhill and Kelvingrove Cycling Village Summary.

Agradecimentos

*Em tempos de turbulência e perigo, a gratidão nos ajuda
a manter a firmeza e os pés no chão. Ela nos traz para o presente,
e nossa presença plena talvez seja a melhor oferta que podemos
fazer ao nosso mundo.*
~ Joanna Macy ~

Sou grata pela supervisão incansável e rigorosa dos meus orientadores Dra. Anne Cumming e Dr. Husam Al Waer, que me acompanharam ao longo de descobertas gratificantes, momentos de frustração, períodos de estagnação e tempos de inspiração durante toda a minha jornada de doutorado. Estendo também minha gratidão a um círculo mais amplo de acadêmicos da Escola de Arquitetura e Planejamento Urbano da Universidade de Dundee, especialmente ao Dr. Dumiso Moyo, por abrir as portas da academia para 'practitioners' e por me encorajar a seguir o doutorado. Devo também expressar minha sincera admiração a Pamela Mang do Regenesis Institute, que nutriu uma instigante relação de mentoria e por sua profunda visão de caminhos regenerativos para a humanidade e o planeta, que serve como grande inspiração para este trabalho.

Agradeço aos planejadores sêniores e autoridades de Edimburgo, Glasgow e Perth & Kinross, que acreditaram na relevância da minha pesquisa, e me apresentaram às 'guardiãs' dos bairros, abrindo o caminho para o recrutamento abundante de participantes. Minha sincera gratidão vai também às participantes da minha pesquisa. Sem a generosidade das 274 mulheres que participaram das entrevistas itinerantes e compartilharam seu tempo, este livro não teria se concretizado. Fui profundamente enriquecida pela abrangência do seu pensamento e suas contribuições perspicazes.

Preciso reconhecer dois colegas insubstituíveis das Highlands da Escócia: Cathel de Lima Hutchison, em seu papel de incansável revisor e desafiador de hipóteses, e Sebastian Franke, por transformar esboços mentais em diagramas e designs precisos.

Meus sinceros agradecimentos também vão para Daniel Wahl, que me apresentou Andrew Carey da Triarchy Press, que, por sua vez, me deu um voto de confiança ao publicar este livro. Um agradecimento muito especial vai para a minha editora, Debbie Frances, que deu um sopro de vitalidade ao manuscrito, eliminou jargões desnecessários e guiou o livro rumo às prateleiras.

Minha amorosa gratidão às minhas filhas, Inanna e Tara, e à minha irmã, Christina, por seu constante incentivo e apoio durante os meus longos retiros de escrita. Agradeço também aos meus amigos locais, transatlânticos e do 'The Shore', em Leith, por serem fontes de encorajamento, questionamento e diversão.

Meu trabalho é inspirado em gerações de mulheres citadas neste livro, muitas das quais atuaram no campo do planejamento urbano bem antes de eu me ingressar nele. Sou devedora dessa linhagem de mulheres que desenvolveram críticas radicais ao urbanismo de gênero trazendo novos conceitos e práticas para melhorar as experiências cotidianas das mulheres. Entre elas, as contribuições de Catherine Bauer, Jane Jacobs, Dolores Hayden, Elizabeth Wilson, Leslie Kanes Weisman, Daphne Spain, Doreen Massey, Diana Agrest, Dory Reeves, Hilde Heynen, Doina Petrescu, Laura Elkin e Leslie Kern permanecem como fontes duradouras de inspiração e reflexão. Sou profundamente grata a elas e pelo legado que deixaram.

Sobre a Autora

May East nasceu em São Paulo e hoje vive em Edimburgo. Ela é uma urbanista internacional e designer regenerativa, trazendo vitalidade e viabilidade para ecocomunidades, cidades mineradoras, assentamentos informais, aldeias tradicionais, cidades em transição e cidades fantasmas. Atualmente trabalha com governos locais e regionais, setor privado e agências intergovernamentais na elaboração de políticas e intervenções promovendo igualdade de gênero no planejamento urbano, redução das emissões de carbono, estabelecimento de fundos de riqueza soberanos e parques ecoindustriais simbióticos.

O portfólio profissional de May abrange diversas disciplinas e áreas de interesse. Ela vem de uma vibrante comunidade artística no eixo São Paulo-Rio de Janeiro onde, por uma década, sua arte, seja na música, no cinema ou em vídeo, expressou uma profunda preocupação com os diversos ambientes do Brasil, tanto nas grandes cidades quanto no vasto interior do país, especialmente nas florestas tropicais.

Associada da UNITAR há duas décadas, May atua atualmente como Membro Consultivo da Divisão de Pessoas e Inclusão Social. Ela é especialista em promover a integração vertical entre soluções comunitárias para a resiliência climática e doadores nacionais e internacionais, assim como o sistema e as convenções da ONU. May possui um Mestrado em Planejamento Espacial com especialização na reabilitação de povoados e cidade abandonadas, e um Doutorado em Arquitetura e Planejamento Urbano pela Universidade de Dundee com a tese intitulada *E se as Mulheres Projetassem a Cidade?*

May foi designada como uma das 100 Líderes Globais em Sustentabilidade por três anos consecutivos e Mulher da Década em Sustentabilidade e Liderança pelo Women Economic Forum.

A essência da Bambual Editora

A transição global emerge das ações e escolhas de cada um.

Inspirada nas principais características do bambu – profundo, forte, flexível – a Bambual Editora é brasileira, independente e focada em sensibilizar o ser humano a fazer escolhas diferentes e regenerativas.

Nossos livros apontam novos caminhos que são mais responsáveis com o planeta, com nós mesmos e com os outros.

Eles abordam a cultura regenerativa, novas economias, relações sociais, ecologias, autoconhecimento, equidade de gênero, cultura antirracista, resgate de saberes ancestrais e novas possibilidades para futuros mais prósperos.

Há mais de sete anos atuando no mercado editorial brasileiro e com mais de cinquenta títulos em catálogo, queremos dar acesso ao conhecimento inovador, provocador e transformador, possibilitando que as pessoas exercitem o pensamento crítico, façam reflexões mais profundas, escolhas autônomas e expressem seu melhor.

www.bambualeditora.com.br

livros para a transição global